BERNHARD HAMPP

Baden erlesen!

BERNHARD HAMPP

Baden erlesen!

FÜR LITERATURFREUNDE UND BIBLIOPHILE

GMEINER KULTUR

Sofern im Folgenden nicht aufgeführt, stammen alle Fotos vom Autor: Automuseum Dr. Carl Benz/Petra Arnold 32; Stadtmuseum Sinsheim/Dinah Rottschäfer 34; Gerhard Seitz (DTA) 98; Tourist-Information St. Peter 102; Salmen e.V. 122; Markgräfler Museum 124; Dreiländermuseum Lörrach 138; Mühlenwegmuseum/Felder-Archiv, Bregenz 154; Suso-Haus/Michael Stoll 164; Achim Mende/Staatliche Schlösser und Gärten Baden-Württemberg, Kloster und Schloss Salem 168

Besuchen Sie uns im Internet:
www.gmeiner-verlag.de

Im Ehnried 5, 88605 Meßkirch
Telefon 07575/2095-0
info@gmeiner-verlag.de

1. Auflage 2019

Lektorat/Bildredaktion: Ricarda Dück
Satz: Julia Franze
Bildbearbeitung/Umschlaggestaltung: Benjamin Arnold
unter Verwendung eines Fotos von: Bernhard Hampp
Kartendesign: © Maps4News.com/©HERE
Druck: AZ Druck und Datentechnik GmbH, Kempten
Printed in Germany
ISBN 978-3-8392-2485-4

Heidelberg und der Neckar

Karlsruhe und nördlicher Schwarzwald

Freiburg und südlicher Schwarzwald

Konstanz und der Bodensee

Heidelberg und der Neckar

Philosophenweg Heidelberg

Mutter aller Büchersammlungen

Universitätsbibliothek Heidelberg

So sehen Bibliotheken in Spielfilmen aus: Giebel und Erker, Pilaster und Türme, Säulen und Skulpturen aus rötlichem Sandstein schmücken den Hauptbau der Heidelberger Universitätssammlung. Dass der Jugendstilpalast an die Ruine des Schlosses hoch über dem Neckar erinnert, ist kein Zufall. Vielmehr hatte Architekt Josef Durm das Wahrzeichen direkt vor Augen, als er den Büchertempel 1905 errichtete.

Das Bauwerk ist Lern- und Arbeitsstätte für 30.000 Studenten der Ruprecht-Karls-Universität Heidelberg und gleichzeitig Heimat unglaublicher bibliophiler Schätze. Dazu gehört ein Teil der Sammlung *Bibliotheca Palatina,* der Pfälzischen Landbibliothek – diese galt in der Renaissance als Vorbild aller Schriftbestände. Der Hauptbau mit seinen Lesebereichen und Magazinen sowie 64 weitere Gebäude beherbergen mehr als drei Millionen Bücher, eine Million davon aus der Zeit vor 1900.

Groß wurde die Einrichtung gemeinsam mit der Ruperta Carola. 1386 als erste Universität auf dem Gebiet des heutigen Deutschland gegründet, entwickelte sich die Hochschule schnell zu einem Zentrum des Geisteslebens. Große Denker lernten, lehrten und wirkten hier: die Humanisten Rudolf Agricola (1443–1485) und Sebastian Münster (1488–1552), ebenso Martin Luther (1483–1546), der an der Universität 1518 seine reformatorischen Ideen vorstellte. Zu den berühmten Heidelberger Professoren gehörten die Philosophen Georg Wilhelm Friedrich Hegel (1770–1831) und Hans-Georg Gadamer (1900–2002) sowie der Kultursoziologe Max Weber (1864–1920). Die Schriftstellerin Anna Seghers promovierte 1924 an der Ruperta Carola in Kunstgeschichte, der philippinische Literat José Rizal praktizierte 1886 an der Uniklinik Augenheilkunde.

Als dunkler Tag ging der 17. Mai 1933 in die Geschichte der Institution ein. Auf dem Universitätsplatz verbrannten Anhänger der Nazi-Ideologie die Bücher jüdischer, sozialistischer und oppositioneller Autoren. Eine in das Pflaster eingelassene Gedenktafel erinnert an die Untat.

Unter dem Platz lagern heute rund 1,5 Millionen Bücher im klimatisierten Tiefmagazin. Von dort aus gelangen Mitarbeiter durch einen 80 Meter langen Gang in den Hauptbereich der Bibliothek. Hier führt ein Treppenhaus im Art-déco-Stil wiederum zu einer kleinen Ausstellung mit Schätzen der Sammlung. Und das sind nicht wenige: Fast 7.000 mittelalterliche Handschriften besitzt die Institution, dazu mehr

Nachdruck des Codex Manesse *in der Universitätsbibliothek Heidelberg*

als 1.800 Inkunabeln aus der Frühdruckzeit vor 1500 sowie rund 110.000 Autographen und graphische Blätter. Tausende der kostbaren Bücher gelangten im 19. Jahrhundert aus den aufgehobenen Klöstern Salem und Petershausen nach Heidelberg.

Das Prachtstück der Universitätsbibliothek trägt die Signatur *Cod. Pal. germ. 848* und wiegt sieben Kilo: die *Große Heidelberger Liederhandschrift*, auch *Manessische Handschrift* oder *Codex Manesse* genannt. Das bis 1340 entstandene Werk enthält 6.000 Strophen von 140 Minnesängern. 138 Illustrationen stellen die höfischen Dichter dar. Am berühmtesten ist wohl das Bildnis des Walther von der Vogelweide, der versonnen auf einem Stein ruht. Entstanden ist die Handschrift wohl in Zürich, womöglich unter Beteiligung des Patriziers Rüdiger Manesse. Wie sie in den Besitz des 1596 ermordeten Heidelbergers Johann Philipp von Hohensax kam, ist nicht vollständig überliefert. Bekannt ist, dass die Kurfürsten von der Pfalz den Codex erbten. So wurde er Teil der legendären *Bibliotheca Palatina*.

Diese Pfälzische Landbibliothek geht auf den Kurfürsten Ludwig III. (1378–1436) zurück, der ab 1410 regierte. Er ließ einen Teil seiner Schriftensammlung in die Heidelberger Heiliggeistkirche bringen. Auf der eigens dafür errichteten Nordempore des Gotteshauses wurden die Bände an Pulten angekettet und standen Universitätsangehörigen zur Verfügung. Der bibliophile Kurfürst Ottheinrich, ein glühender Protestant, baute die Bestände rund 150 Jahre später aus. Auch der Humanist

Ulrich Fugger (1526–1584), der als Glaubensflüchtling aus dem katholischen Augsburg ins evangelische Heidelberg übersiedelte, steuerte Bücher bei. Die *Palatina* avancierte zur großen geistigen Rüstkammer für die evangelische Glaubenswelt. Dem Papst war das ein Dorn im Auge. Als Heidelberg im Dreißigjährigen Krieg von katholisch-bayerischen Truppen besetzt wurde, meldete der Vatikan Ansprüche auf die *Palatina* an. Der päpstliche Abgesandte Leone Allacci ließ die rund 3.700 Handschriften und 1.300 Druckwerke 1623 nach Rom transportieren – wo die meisten von ihnen bis heute in der *Biblioteca Apostolica Vaticana* verschlossen liegen.

Erst die Friedensverhandlungen auf dem Wiener Kongress rund 200 Jahre später veranlassten den Vatikan, 847 deutschsprachige Handschriften an die Universität Heidelberg zurückzugeben. Der *Codex Manesse*, der schon vor der Eroberung in Sicherheit gebracht worden und jahrhundertelang durch verschiedene Adelsbibliotheken gewandert war, kehrte 1888 im Rahmen eines Tauschgeschäfts zurück an den Neckar. Sämtliche Drucke und nicht deutschsprachige Werke verblieben allerdings in Rom. So etwa die älteste erhaltene Vergil-Handschrift aus dem Jahr 500 oder das illustrierte Falkenbuch des Stauferkaisers Friedrich II. (1212–1250) über die Jagd mit Raubvögeln. Diesen Beständen widmet sich ein Team der Universität Heidelberg in der Via della Conciliazione in Rom. Es digitalisiert die Bücher unter vatikanischer Aufsicht und stellt sie samt wissenschaftlicher Beschreibung online. Mit den Heidelberger deutschen *Palatina*-Handschriften ist dies bereits geschehen.

Doch die Recherche im Internet ersetzt nicht einen Besuch der erhabenen Bibliothek in der Kurpfalz mit ihren geräumigen Lesesälen. Hier stoßen Interessierte auch auf eine unglaubliche Menge von Sekundärliteratur zur *Palatina*: Die Kunstgeschichte bildet einen der Heidelberger Sammlungsschwerpunkte. Forscher können Faksimiles der deutschen *Palatina*-Bücher durchsehen – bei Ausstellungen werden auch die Zimelien selbst präsentiert. So zum Beispiel der *Sachsenspiegel.* Dieses Rechtsbuch aus dem 14. Jahrhundert gilt als eines der ersten deutschen Prosawerke überhaupt und führte juristische Begriffe wie »beanspruchen« in die deutsche Sprache ein. Oder die 27 zwischen 1417 und 1477 entstandenen Bilderhandschriften aus drei Schreibwerkstätten im Elsass und in Schwaben, die erstmals deutschen Lesestoff als Massenware produzierten. Nicht nur historisch interessant ist die Abschrift vom Tagebuch des Kurfürsten Friedrich IV., der gerne über die Stränge schlug: »Bin ich fol gewesen«, trug der Pfälzer Trunkenbold am 9. Juni 1598 ein.

JOSEPH
von
EICHENDORFF
1788-1857
Schläft ein Lied
in allen Dingen
die da träumen
fort und fort
und die Welt hebt
an zu singen
triffst du nur
das Zauberwort

Literaturstadt to go

Philosophenweg in Heidelberg

Literaturstadt: Dieses Siegel hat die UNESCO Heidelberg 2014 offiziell verliehen. Die »City of Literature« steht damit in einer Reihe mit Kulturmetropolen wie Barcelona, Prag und Edinburgh.

Ein passender Ort, um dem poetischen Geist Heidelbergs nachzuspüren, ist der Philosophenweg.

Der mitunter steile Pfad mit mehreren Abzweigungen erstreckt sich vis-à-vis der Altstadt am Südhang des Heiligenbergs auf der nördlichen Neckarseite.

Seinen Namen erhielt der Weg von den Einheimischen, noch bevor er 1841 ausgebaut wurde. Sie benannten ihn nach den studierten Herren, die schon vor Jahrhunderten zwischen den sonnigen Weinbergen lustwandelten. Darunter Joseph von Eichendorff, der von 1807 bis 1808 in Heidelberg studierte. Er verliebte sich unglücklich und schrieb sein Gedicht *In einem kühlen Grunde* über die bedrückende Erfahrung. An den Romantiker erinnert eine Stele in den mediterran wirkenden Parkanlagen am Weg, in denen Palmen, Jasmin und Lorbeer gedeihen. Unter dem Konterfei des Poeten ist sein Vierzeiler *Wünschelrute* zu lesen: »Schläft ein Lied in allen Dingen, die da träumen fort und fort, und die Welt hebt an zu singen, triffst du nur das Zauberwort.« Eichendorff erinnerte sich zeit seines Lebens an Heidelberg und widmete der Stadt zahllose Gedichte und Lieder. »Heidelberg ist selbst eine prächtige Romantik; da umschlingt der Frühling Haus und Hof und alles Gewöhnliche mit Reben und Blumen, und erzählen Burgen und Wälder ein wunderbares Märchen der Vorzeit«, schrieb er später. Dass der Zauber der Neckarstadt bis heute fortwirkt, zeigt ein Essay der 1977 geborenen Schriftstellerin Jagoda Marinic. Die »Stadt des magischen Denkens« nennt sie Heidelberg darin.

Hinter jeder Biegung des Philosophenwegs eröffnen sich Aussichten auf die Altstadt, den Fluss, die Brücken und die Schlossruine. Eine Schautafel zeigt an der entsprechenden Stelle, welcher Anblick sich dem Kupferstecher Matthäus Merian im Jahr 1620 bot, als er sein berühmtes Heidelberger Panorama schuf. Sitzbänke umringen wiederum einen Gedenkstein für Liselotte von der Pfalz (1652–1722). Die Tochter des Pfälzer Kurfürsten Karl Ludwig musste ihr geliebtes Heidelberg verlassen, weil sie mit dem Bruder des französischen Königs Ludwig XIV. verheiratet wurde. Aus Frankreich schrieb sie unermüdlich Briefe an die deutsche Verwandtschaft. Dass ausgerechnet ein Streit um ihr Erbe zum Anlass genommen wurde, um ihre Heimatstadt und das Schloss im Pfälzischen Erbfolgekrieg zu zerstören, verbitterte sie.

Die Ära der Kurfürsten in Heidelberg endete um 1720, als Karl Philipp seinen Hof nach Mannheim verlegte. Dafür begannen immer mehr Literaten, den Charme der Universitätsstadt zu entdecken. Ein Gedenkstein am östlichen Ende des Philosophenwegs erinnert an Friedrich Hölderlin, der zwar nur auf der Durchreise Station machte, dessen Hommage an Heidelberg aus dem Jahr 1800 aber noch heute nachklingt: »Lange lieb' ich dich schon, möchte dich, mir zur Lust, Mutter nennen, und dir schenken ein kunstlos Lied, Du, der Vaterlandsstädte Ländlichschönste, so viel ich sah.«

Philosophenweg in Heidelberg

In typischem Tonfall lobte auch Johann Wolfgang von Goethe 1797 Heidelberg: »Die Stadt in ihrer Lage und mit ihrer ganzen Umgebung hat, man darf sagen, etwas Ideales.« Der Dichterfürst stattete am Neckar unter anderem den Brüdern Melchior (1786–1851) und Sulpiz Boisserée (1783–1854) Besuche ab, die mit ihrer Sammlung altdeutscher und niederländischer Gemälde für Aufsehen sorgten. Zum Sehnsuchtsort erhoben die Romantiker Achim von Arnim und Clemens Brentano die Stadt. 1805 erschien beim hiesigen Buchhändler Johann Georg Zimmer ihre Volkslieder- und Gedichtsammlung *Des Knaben Wunderhorn*. Einen handschriftlichen Entwurf des Epoche machenden Büchleins, das von Robert Schumann, Johannes Brahms und Gustav Mahler vertont werden sollte, bewahrt heute die Heidelberger Universitätsbibliothek auf.

Alle besuchten und besangen das Städtejuwel im 19. Jahrhundert: Nikolaus Lenau, Adolph Freiherr Knigge, Homer-Übersetzer

Johann Heinrich Voß, Friedrich Hebbel und Gottfried Keller. Joseph Victor von Scheffel flocht in sein Versepos *Der Trompeter von Säckingen* das Gedicht *Alt Heidelberg, du Feine* ein, das später als Strophe in das *Badnerlied* einging.

US-Autor Mark Twain verbrachte den Sommer 1878 hier. In seinem Buch *Bummel durch Europa* schwärmte er 1880 vom geselligen Leben der Studenten und Professoren. Sein satirischer Essay über *Die schreckliche deutsche Sprache*, der zuerst als Anhang zum *Bummel durch Europa* erschien, beginnt mit einem Erlebnis auf dem Heidelberger Schloss: Twain spricht den Leiter des dortigen Raritätenkabinetts in mühsam erlerntem Deutsch an. Dieser hält Twains Sprechweise für so einzigartig, dass er sie gerne in sein Kabinett aufnehmen möchte.

Nicht nur auf Twains Spuren pilgern amerikanische Touristen heute in die Stadt. Für den großen Boom sorgte Sigmund Romberg mit seiner Musical-Operette *The Student Prince*, die 1924 am New Yorker Broadway uraufgeführt wurde. Vorlage ist Wilhelm Meyer-Försters Schauspiel *Alt-Heidelberg* von 1901. Die Romanze um einen Prinzen, der das Studentenleben genießt und sich in eine Wirtstochter verliebt, wurde vielfach als Kitsch geschmäht, mauserte sich jedoch in aller Welt zum Inbegriff Heidelberger Studentenromantik.

Dem Philosophenweg blieben die Kreativen und Denker treu. So besaß der Philosoph und Universitätsprofessor Hans-Georg Gadamer (1900–2002), der sich in seinem Hauptwerk *Wahrheit und Methode* von 1960 den Fragen von Erkenntnis und Verstehen widmete, ein Gärtchen an dem Pfad. Auf ihm und dem anschließenden, steil zum Neckar hinabführenden Schlangenweg schlenderte sicher auch Erica Jong. Die US-Amerikanerin lebte von 1966 bis 1969 am Neckar. Den Aufenthalt verarbeitete sie in ihrem 1973er-Roman *Fear of Flying*, einem Klassiker der feministisch-erotischen Literatur.

Heidelberg spielt noch immer eine Hauptrolle: Der Erzähler in Christian Krachts *Faserland* von 1995 stürzt in der *Max Bar* ab. Als Schauplatz von Bernhard Schlinks Bestseller *Der Vorleser* von 1995 ist unschwer die Weststadt zu erkennen, wo der Autor selbst aufwuchs. Und sogar in Joanne K. Rowlings Romanen um den Zauberlehrling Harry Potter taucht ein *Heidelberg Harriers Team* auf, das in der magischen Sportart Quidditch triumphiert. Die Literaturstadt pulsiert auch im realen Leben: Dafür sorgen regelmäßige Veranstaltungen wie die Heidelberger Literaturtage, literarische Stadtführungen mit dem Autor und Historiker Michael Buselmeier und Einrichtungen wie Jagoda Marinićs Interkulturelles Zentrum.

Ein Buch gegen das Vergessen

Dokumentationszentrum Deutscher Sinti und Roma in Heidelberg

Bücher können entsetzlich sein. Ein solches Buch liegt im Heidelberger Dokumentations- und Kulturzentrum Deutscher Sinti und Roma hinter Glas. Es enthält 21.000 Namen von Menschen, die ins Konzentrationslager Auschwitz deportiert und fast alle in den Tod geschickt wurden: alles Angehörige der Minderheit, die die Nazis als »Zigeuner« beschimpften, drangsalierten und verfolgten.

Auf einer Wand im Zentrum stehen sämtliche Einträge aus dem Gedenkbuch. Dass das Dokument des Völkermordes überhaupt erhalten ist, verdanken wir den Häftlingen. Bevor die SS das sogenannte »Zigeunerlager« in Auschwitz-Birkenau 1944 gewaltsam räumte, vergruben sie die Namenslisten in einem Eimer. Nach dem Krieg bargen die Befreier die Schriften.

Menschen stehen im Mittelpunkt der Dauerausstellung zum nationalsozialistischen Genozid im 1997 eröffneten Zentrum: Diese Menschen gehörten oder gehören zur Minderheit der Sinti und Roma, die seit mehr als 600 Jahren in Deutschland zu Hause ist. Geschätzt 500.000 von ihnen fielen dem Völkermord zum Opfer. Die pädagogisch aufbereitete Schau zeichnet auf 700 Quadratmetern Schicksale anhand alter Familienbilder nach, zitiert Zeitzeugen und kontrastiert die Sicht der Opfer mit den Verordnungen, Dokumenten und Aussagen der Täter.

Erschütternd der Fall des Boxers Johann »Rukelie« Trollmann, dem die Behörden 1933 aus »rassischen Gründen« den Deutschen Meistertitel im Halbschwergewicht aberkannten und den die SS 1943 ermordete. Fast unerträglich die aufgerissenen Augen des Sinti-Mädchens Settela auf dem Foto, das sie im Zug nach Auschwitz zeigt. Dort starben sie, ihre Mutter und neun Geschwister in den Gaskammern. Auch die Eheleute und Kinobetreiber Lisetta und Anton Rose kamen im KZ ums Leben.

Ihr Enkel Romani Rose engagiert sich seit vielen Jahren unermüdlich für die Rechte der Minderheit. Er leitet von Heidelberg aus den Zentralrat der Sinti und Roma und das angegliederte Dokumentationszentrum. Im Fokus stehen der Kampf gegen das Vergessen und die Diskriminierung, die nach dem Krieg längst kein Ende genommen hatte. Aber auch die reiche und lebendige Kultur der Sinti und Roma ist im Zentrum zu erleben: etwa mit Vorträgen, Workshops, Flamencotanz, Jazzkonzerten und Lesungen.

Dichter an der Quelle

Wolfsbrunnen in Heidelberg

Bedächtig gluckert das Wasser aus den Quelltümpeln ins Schlierbachtal bei Heidelberg hinab. Wer genau hinhört und die Fantasie spielen lässt, kann die Geschichten hören, die es erzählt. Von der heidnischen Wahrsagerin Jetta, die hier einer alten Sage nach im Mittelalter von einer Wölfin zerfleischt wurde. Vom Barockdichter Martin Opitz, der als Student oft am Wolfsbrunnen saß und ihn als »edele Fonteyn mit Ruh und Lust umbgeben« besang. Oder vom Romanheld Clairant, der an dieser Stelle seine geliebte Clara ihrem zornigen Vater entrissen haben soll.

Der Wolfsbrunnen bei Heidelberg ist ein mythisches und poetisches Gefilde. Seinen Namen erhielt der Hain, an dem sich das Quellwasser zwischen Farn, Sumpfdotterblumen und alten Laubbäumen seinen verschlungenen Weg Richtung Neckar sucht, wohl nicht wegen der Sage um Jetta. Vielmehr ging laut einer Urkunde im Schlierbachtal um 1465 ein »Wolfkreiser« seiner Arbeit nach: ein Gehilfe bei der Wolfsjagd, der die Tiere mit Stricken und stinkenden Stofflappen einkreiste, damit die Jäger sie mühelos schießen konnten.

Auch die Kurfürsten bei Rhein und zur Pfalz jagten in dieser Gegend, allerdings hatten sie es vornehmlich auf Hirsche und Wildschweine abgesehen. Sie entdeckten das romantische Gestade für sich, das sie über einen Pfad von ihrem Heidelberger Schloss aus erreichen konnten. Kurfürst Friedrich II. ließ die Quelle um 1550 in ein Brunnenhaus fassen. Auf sein Geheiß wurde auch ein Lust- und Jagdhaus errichtet, in dem die adelige Familie viele ihrer Gäste unterbrachte. Wie die damaligen Herrschaften am Wolfsbrunnen flanierten, tafelten und musizierten, zeigt der Kupferstich *Jagdgelage am Wolfsbrunnen* von Matthäus Merian, 1620 entstanden und veröffentlicht in der Landesbeschreibung *Topographia Palatinatus Rheni et vicinarum Regionum* von 1645.

Auch Elisabeth Charlotte (1652–1722), genannt Liselotte von der Pfalz, die Tochter des Kurfürsten Karl Ludwig, spielte als Kind gerne hier. Für eine Prinzessin eher untypisch, liebte sie es, im Galopp über die Hügel zu reiten und auf Bäume zu klettern. Mit 19 Jahren allerdings musste sie Herzog Philipp II. von Orléans, den Bruder des französischen Königs, heiraten – so wollte es das politische Kalkül. Liselotte fühlte sich unglücklich, litt an den starren Ritualen. Tausende Briefe schrieb sie aus Frankreich an Ver-

Literaturmuseum am Wolfsbrunnen in Heidelberg

wandte und Freunde. 5.000 davon sind heute als beredte Zeitdokumente erhalten. Das Verhängnis begann, als Liselottes Bruder, Kurfürst Karl, kinderlos starb: Der französische König Ludwig XIV. erhob Anspruch auf die Pfalz. Vorgeblich, weil er Liselottes Interessen wahren wollte, brach er den Pfälzischen Erbfolgekrieg vom Zaun. In diesem verwüsteten seine Truppen Heidelberg, das Schloss und weite Teile der Pfalz. Liselotte konnte den Schmerz darüber nie verwinden.

Auch wenn die Kurfürsten Heidelberg 1720 Richtung Mannheim verließen, suchten Adelige weiterhin gerne den Wolfsbrunnen auf. Kaiser Alexander I. von Russland (1777–1825) weilte an diesem Platz, Prinz Wilhelm von Preußen (1797–1888), der spätere Kaiser Wilhelm I., und Kaiserin Elisabeth von Österreich (1837–1898), genannt Sisi, besuchten das Quellidyll. Die Anlage verfiel jedoch bereits ab dem 18. Jahrhundert zusehends, wurde dadurch aber erst recht zum geheimnisvollen, romantischen Ort.

Das begeisterte vor allem die Dichter auf Opitz' Spuren. Dramatiker August von Kotzebue (1761–1819) schwärmte von den Linden, die sich über dem Brunnen wölbten wie ein Tempel, in dem man feiern konnte, Joseph von Eichendorff, der in Heidelberg studierte, hielt in seinem Tagebuch fest, »wie sich endliche der Weg senkte, u. uns das unbeschreiblich einsame Thal des Wolfsbrunnens in seine gantz eigne magische dunkle Stille aufnahm«. Einen regelrechten Ansturm löste schließlich der Romancier August Heinrich Lafontaine mit seinem Bestseller *Clara du Plessis et Clairant* von 1795 aus, in dem er eine Schlüsselszene am Wolfsbrunnen, »dem lieblichsten aller Thäler in ganz Deutschland«, spielen ließ. Die Liste der Literaten, die den Wolfsbrunnen besuchten und beschrieben, lässt sich nahezu endlos fortführen: Heinrich von Kleist und Johann Wolfgang von Goethe kamen im späten 18. Jahrhundert hierher, Gottfried Keller und der Heidelberg-Reisende Mark Twain im 19. Jahrhundert. Um 1920 inszenierte der Schriftsteller Carl Zuckmayer, der in Heidelberg studierte, an der Quellanlage Lieder, Szenen und eine *Dramatische Stationenreihe*. Seit dem Jahr 1822 erhebt sich am Wolfsbrunnen eine dreistöckige Unterkunft für Gäste, die der Erbauer im Stil eines Schweizerhauses mit großen Holzbalkonen ausstattete. Seit 1870 befindet es sich im Besitz der Stadt Heidelberg.

1980 kam es zu einem regelrechten Gipfeltreffen am Wolfsbrunnen. Der Suhrkamp-Verleger Siegfried Unseld, der mexikanische Literat und spätere Nobelpreisträger Octavio Paz und die Dichterin Hilde Domin (1909–2006) trafen sich im Gasthaus zu Gesprächen über gemeinsame Projekte. Ein Heimspiel für Domin, gebürtige Kölnerin, die in Heidelberg Jura studiert hatte. Im Laufe ihres bewegten Lebens lebte die Lyrikerin, Romanautorin und Essayistin mit ihrem jüdischen Mann in Italien und flüchtete dann über zahlreiche Länder vor den Nazis, bis sie schließlich in Santo Domingo landete. 1954 kehrte Hilde Domin nach Deutschland zurück und lebte von 1961 bis zu ihrem Tod am Neckar. Die engagierte Literatin galt als die intellektuelle Stimme Heidelbergs, der auch am Austausch mit Lateinamerika gelegen war. Mit dem jährlich vergebenen Hilde-Domin-Preis ehrt die Stadt heute noch Autoren, die im Exil in Deutschland leben.

Das Gasthaus am Wolfsbrunnen wurde 2008 geschlossen, anschließend umgebaut und 2015 wiedereröffnet. Seither beherbergt das Restaurant im Obergeschoss ein kleines, historisch-literarisches Museum mit Schautafeln zur Geschichte und zu den Gästen des Ortes sowie vielen originalen Textstellen zum Lesen, aber auch zum Hören an der Audiostation. Der aktive *Freundeskreis Wolfsbrunnen* mit seinem ganzjährigen Programm von Autorenlesungen, Diskussionen, Konzerten im Restaurant und im Freien, Puppentheater oder auch naturkundlichen Führungen sorgt dafür, dass die Stätte auch weiterhin ein lebendiger Kulturort bleibt.

Beim literarischen Alchemisten

Stift Neuburg bei Heidelberg

Das Stift Neuburg vor den Toren Heidelbergs ist ein Ort der Stille. Wer durch das Klosterportal tritt, findet rechts einen Kräutergarten. In diesen haben die Neuburger Benediktinermönche eine Statue ihres Ordensgründers gestellt. Der heilige Benedikt von Nursia (480–547) hält ein Buch mit seiner Ordensregel in den Händen. Übersetzt beginnt sie mit den Worten: »Höre, mein Sohn, auf die Weisung des Meisters, neige das Ohr des Herzens.«

Nicht ganz so besinnlich ging es an diesem Ort um 1906 zu: Mit einem bunten Sommerfest begingen Literaturfreunde auf Stift Neuburg den Geburtstag der Liedersammlung *Des Knaben Wunderhorn*, die Achim von Arnim und Clemens Brentano rund 100 Jahre zuvor in Heidelberg herausgegeben hatten. Sänger brachten Lieder aus der Sammlung dar, ein Kinderchor führte einen Reigen auf, ein Bläserquartett musizierte und Odenwälder Bauern tanzten in Tracht. Noch bis in den Morgen, so ist überliefert, feierten die Gäste auf den Obstbaumwiesen und Hängen rund um das Stift. Organisiert hatte das Fest der Kunsthistoriker Richard Benz (1884–1966). Er träumte von einem Wiederaufleben der Heidelberger Romantik und gründete den literarischen Hebbel-Verein, der Vorträge, Lesungen, Theaterabende, Puppenspiele und mittelalterliche Legendenabende veranstaltete.

Der Reigen steht exemplarisch für eine weltliche Episode in der Geschichte des Klosters: 123 Jahre befand es sich im Privatbesitz und wurde zum Treffpunkt weltbekannter Literaten. Heute hat man sich im Stift Neuburg wieder auf die religiösen Wurzeln zurückbesonnen.

Bereits um 1130 hatten sich an dem Hang über dem Neckar Benediktiner angesiedelt. Im Lauf der Jahrhunderte existierten hier unter anderem ein Nonnenkonvent, ein adeliges Damenstift und eine Niederlassung der Jesuiten. Die heute noch erhaltenen alten Teile der Anlage erhielten ihr Aussehen in der Jesuitenzeit, wie die schlichte Kirche und die Mariensäule im Rosengarten. Als um 1804 allerorten die geistlichen Besitzungen enteignet wurden, verkaufte die kurfürstlich badische Kirchenkommission das Kloster mit allen seinen Gütern. Neuer Eigentümer war der Regierungskommissar Ludwig Hout.

Mit ihm begann die Geschichte von Stift Neuburg als literarischem Ort, den immer ein geheimnisvolles, romantisch-abgründiges Flair umwehte. Zu Houts Besuchern gehörte der Komponist Carl Maria von

Weber (1786–1826). In der Bibliothek des Gastgebers fiel Weber das *Gespensterbuch* von August Apel und Friedrich Laun mit der Geschichte des *Freischütz* in die Hände. Die schaurige Erzählung um den Jäger, der mit teuflischen Gewehrkugeln kein Ziel verfehlt, inspirierte ihn zur gleichnamigen Oper.

Nach mehreren Besitzerwechseln kaufte 1825 der Frankfurter Kaiserliche Rat Johann Friedrich Heinrich Schlosser (1780–1851) das Anwesen. Ihn verband eine Freundschaft mit seinem entfernten Verwandten Johann Wolfgang von Goethe. Zwar besuchte der Dichterfürst Stift Neuburg nicht, aber die Schauspielerin Marianne von Willemer, die Goethe als Suleika in seinem *West-östlichen Divan* verewigte, kam fast jeden Sommer nach Neuburg. Schlosser richtete im Bibliotheksflügel des Konvents eine Goethe-Gedenkstätte ein, in der er Schriften, Autographen und Porträts des Dichters aufbewahrte. Seine wertvolle Sammlung mit mehr als 30.000 Bänden ging später an das Mainzer Priesterseminar über. Zu Schlossers Gästen zählte auch der liberale Publizist und spätere Herausgeber des *Rheinischen Merkurs*, Joseph Görres, der als Privatdozent in Heidelberg lehrte. Aber auch der Dichter und Arzt Justinus Kerner, der in Weinsberg mit Magnetismus und Elektrizität experimentierte, suchte Neuburg auf. Ebenso gab sich der Romantiker Clemens Brentano die Ehre.

Statue des heiligen Benedikts von Nursia im Klostergarten

1908 erbte die Frankfurter Familie der Freiherren von Bernus das Stift. Mit Alexander von Bernus (1880–1965) ging das Anwesen erstmals in den Besitz eines Schriftstellers über. Der studierte Literaturhistoriker und Philosoph verfasste selbst Stücke, Novellen, Schattenspiele,

Mysterienspiele und Gedichte im Geist der Romantik. Als sogenannter Spagyriker stellte Bernus außerdem mit uraltem alchemistischen Wissen Heilmittel aus Pflanzen, Metallen und Mineralien her. Auf Neuburg richtete er dafür sein »Laboratorium Soluna« ein. Gleichzeitig stand Alexander von Bernus der anthroposophischen Bewegung nahe. Deren Begründer Rudolf Steiner, der oft zu Gast war, schlug Bernus' Angebot aus, auf der Anhöhe hinter dem Stift das Zentrum seiner Anthroposophischen Gesellschaft zu erbauen. Einen schlimmen Schicksalsschlag erlebte Bernus hingegen, als sein Sohn Alexander Walter »Alwar« 1912 beim Spiel in der Schlosskapelle von Kloster Neuburg tödlich verunglückte.

Vor allem führte Bernus die Geschichte des Stifts als Literatentreffpunkt fort. Neben dem Reigen-Veranstalter Richard Benz weilte auch der in Karlsruhe geborene jüdische Lyriker und Dramatiker Alfred Mombert (1872–1942) auf Neuburg, der als Wegbereiter des literarischen Expressionismus gilt. 1940 deportierten die Nazis den in Heidelberg lebenden Autor in ein Internierungslager in Südfrankreich. Kurz nachdem er freikommen konnte, starb er im Schweizer Exil.

Stefan George (1868–1933) und der eingeschworene Kreis seiner sogenannten Jünger statteten Neuburg ebenfalls Besuche ab. Der charismatische George setzte sich in seiner kunstvollen Lyrik mit der beginnenden Moderne auseinander. Ab 1909 hielt er sich immer wieder für längere Zeit in Heidelberg auf. Georges Getreuer, der Dichter und Literaturwissenschaftler Friedrich Gundolf (1880–1931), aber auch der aus Böhmen stammende Rainer Maria Rilke (1875–1926) suchten das Stift auf. Schriftsteller Klaus Mann (1906–1949) verbrachte ab Ostern 1924 einige Wochen bei Alexander von Bernus, der mit seinem Vater Thomas Mann seit Bernus' Münchner Jahren befreundet war. In seiner Autobiografie *Der Wendepunkt* machte Klaus Mann Neuburg als »malerische alte Baulichkeit« und seine wunderlichen Bewohner zum Thema eines unterhaltsamen Kapitels. Bernus empfand er als beinahe priesterlichen »Künder der okkulten Sphäre«. Zu dessen »Suchen nach dem Stein der Weisen« und die lukrative Herstellung von »magischen Pillen« fielen ihm ironische Bemerkungen ein.

Bernus selbst wurde die finanzielle Belastung, die mit dem Klosterbesitz verbunden war, mit der Zeit zu viel. Mitsamt seinem Laboratorium zog er 1927 nach Stuttgart um und übergab das Stift wieder den Benediktinern. Seit 1929 leben erneut Mönche am Hang über dem Neckar. Mehr über ihre Gemeinschaft, die Klosteranlage und ihre Geschichte können Besucher bei Führungen erfahren.

Vorhang auf für Schiller

Reiss-Engelhorn-Museen in Mannheim

Großer Auftritt für Mannheim: Die Kulturmetropole am Rhein spielt in der Geschichte des Theaters eine tragende Rolle. Dafür sorgte vor allem Friedrich Schiller (1759–1805). Er erlebte in Mannheim seinen Durchbruch, musste aber auch herbe Enttäuschungen einstecken. Letztlich wurde ihm die Stadt zum Ausgangspunkt seines Wegs in den Sternenhimmel der deutschen Literaturgeschichte. Die Reiss-Engelhorn-Museen, größter Museumskomplex in Süddeutschland, bieten Schiller-Verehrern gleich zwei spannende Anlaufstellen: die Sammlung Theater- und Literaturgeschichte im Zeughaus und den Veranstaltungsort Schillerhaus.

Mannheim ist eine relativ junge Stadt. Erst 1604 wurde sie von Kurfürst Friedrich IV. (1574–1610) am Zusammenfluss von Rhein und Neckar gegründet. Er ließ die Straßenzüge im rechteckigen Raster anlegen, das Mannheim zur »Quadratestadt« machte. Ab 1720 residierten in ihr die Herrscher der Kurpfalz. Kurfürst Karl Theodor (1724–1799) scharte einen regelrechten Musenhof um sich. Bevor er seine Residenz 1778 aus politischen Gründen nach München verlegte, hieß er am Rhein Philosophen, Dichter und Musiker willkommen, rief den Intellektuellenkreis *Kurpfälzische Deutsche Gesellschaft* ins Leben und gründete das Nationaltheater, das 1779 den Spielbetrieb aufnahm. Dessen erster Intendant Freiherr Wolfgang Heribert von Dalberg (1750–1806) machte das Schauspielhaus im Quadrat B3 zu einer der angesehensten Bühnen Europas.

Im Zeughaus-Museum ist ein Modell der Bühne zu sehen, auf der das Dalberg-Ensemble auftrat. Geschaffen wurde es 1929 für eine Theaterausstellung. Zudem erfahren Besucher alles über den 13. Januar 1782, den Tag, an dem im Nationaltheater eine neue Zeitrechnung in der Literaturwelt begann: Die Truppe führte erstmals das Drama *Die Räuber* auf, das Erstlingswerk des Stuttgarter Regimentsarztes Friedrich Schiller. Das Textbuch, aus dem der Souffleur den Schauspielern Hinweise gab, gehört zur heutigen Ausstellung. Es ist das kostbarste der rund 1.200 alten Bühnenmanuskripte im Besitz der Reiss-Engelhorn-Museen. Die Inszenierung des Sturm-und-Drang-Stückes mit Dalbergs Starschauspieler August Wilhelm Iffland in der Hauptrolle des Franz Moor schlug ein. Dem Autor brachte es aber auch Repressalien seines Dienstherrn ein, des Württemberger Herzogs Karl Eugen. So beschloss der 22-jährige Dichter, während eines Feuerwerks heimlich aus Stuttgart zu

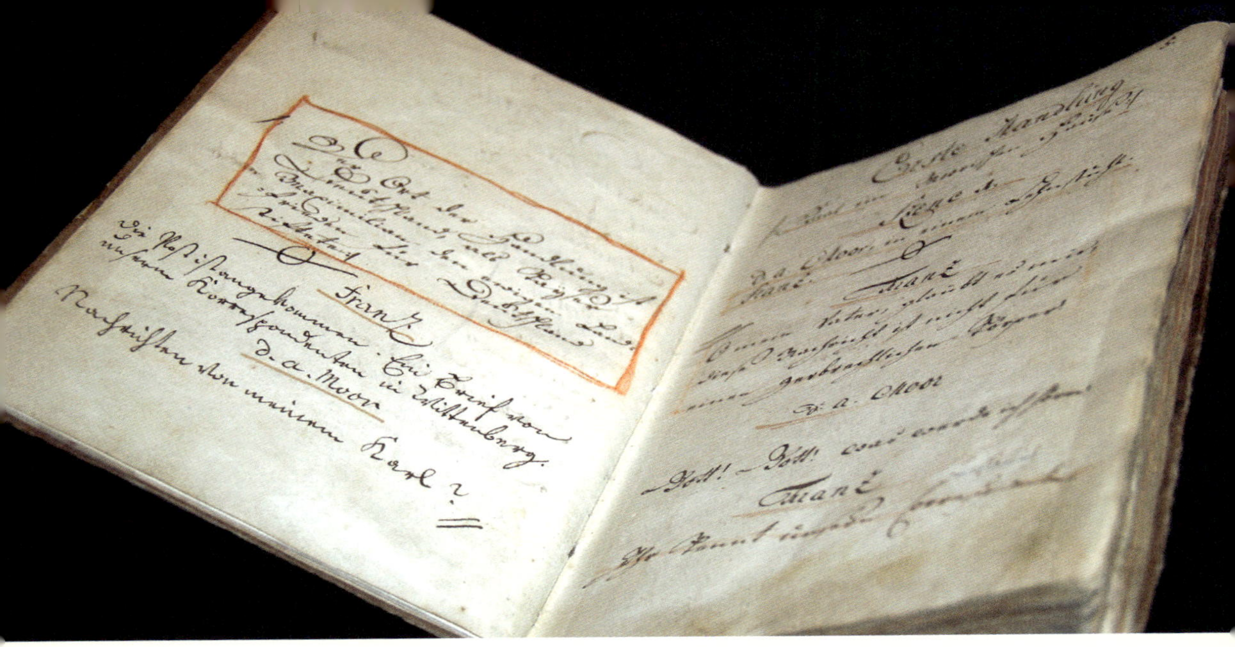

Soufflierbuch zu Schillers Die Räuber

fliehen. Der Weg führte im September 1782 nach Mannheim. Nur vier Tage nach seiner Ankunft in der Stadt erlebte Schiller jedoch sogleich ein Fiasko – mit dem *Fiesco*. Schauspieler, denen er aus seinem neuen Stück *Die Verschwörung des Fiesco zu Genua* vorgelesen hatte, reagierten entsetzt: nicht wegen des Historiendramas selbst, sondern wegen der übertriebenen, pathetischen Vortragsweise und des schwäbischen Dialekts des Autors.

Schiller fand am Rhein aber auch Förderer. Im September 1783 machte ihn ein Jahresvertrag zu Mannheims erstem fest angestellten Theaterdichter. Als sein Konkurrent entpuppte sich Iffland, der nicht nur auf der Bühne glänzte, sondern selbst auch erfolgreiche Stücke schrieb. Im April 1784 führte das Theater Schillers jüngstes Werk *Kabale und Liebe* auf, dessen Soufflierbuch ebenfalls im Museum einzusehen ist. Die Zuschauer beklatschten das Drama. Doch Ifflands *Verbrechen aus Ehrsucht* erntete noch wesentlich mehr Applaus. Dalberg lehnte es ab, Schillers auslaufenden Jahresvertrag zu verlängern. Er riet dem Schwaben, wieder Arzt zu werden. Inzwischen hatte sich Schiller in Mannheim mit Malaria infiziert und Schulden angehäuft. Er verließ die Stadt im April 1785 Richtung Leipzig, zog später nach Jena und Weimar, wo er zum gefeierten Dramatiker und einflussreichen Kunsttheoretiker werden sollte.

Teil der Reiss-Engelhorn-Museen ist auch ein unscheinbares Hinterhofhäuschen im Quadrat B5. Das sogenannte Schillerhaus ist ein Literaturforum für Veranstaltungen mit Stipendiatenwohnung. Ob Schiller wirklich in diesem Gebäude wohnte, ist nicht klar – wahrscheinlich war er aber Gast. Wenige Schritte weiter, am Schillerplatz, stand einst das Nationaltheater. Heute ragt dort eine Bronzestatue Schillers empor, die den Dichter voranschreitend darstellt, das *Räuber*-Manuskript in der Hand. In der Nähe der Skulptur wiederum, im Quadrat A2, erstach am 9. März 1819 der Burschenschafter Karl Ludwig Sand den konservativen Dramatiker August von Kotzebue und löste eine Welle von Vergeltungsmaßnahmen gegen Liberale aus.

Das Verbrechen führt zurück ins Theatermuseum im Zeughaus, wo der Dolch ausgestellt ist, mit dem der Mord mutmaßlich begangen wurde. Neben dieser realen Tatwaffe warten auch Theaterdolche, Masken, Schattenspielfiguren, Gemälde von Bühnenhelden, Programmzettel, eine hölzerne Windmaschine und vieles mehr auf Theaterfreunde. Dutzende Szenenmodelle aus verschiedenen Zeiten ergänzen den Einblick in die Schauspielgeschichte. Alleine von Wolfgang Amadeus Mozarts Oper *Die Entführung aus dem Serail*, die 1784 erstmals in Mannheim aufgeführt wurde, sind vier verschiedene Bühnenbilder zu bewundern. Ab 1777 bemühte der Komponist sich in Mannheim fünf Monate lang vergebens um eine Stelle in der kurfürstlichen Hofkapelle. In dieser Zeit erteilte er den unehelichen Kindern des Kurfürsten Karl Theodor Klavierunterricht und lernte seine spätere Frau Constanze kennen.

Das Museum erzählt auch vom Untergang und der Wiederauferstehung des Schauspielhauses: 1943 machten die Weltkriegsbomben das Gebäude am Schillerplatz dem Erdboden gleich. Die Ausstellung zeigt das einzige Stück der Inneneinrichtung, das gerettet wurde: ein kreisrundes Relief mit dem Antlitz des altgriechischen Tragödiendichters Sophokles, das über dem vorderen Teil der Bühne hing.

1957 eröffneten die Mannheimer am Goetheplatz ein neu gebautes Ensemble aus Schauspielhaus (Kleinem Haus) und Opernhaus (Großem Haus). Zur Premiere des Kleinen Hauses stand eine Neuinszenierung von Schillers *Räubern* auf dem Programm. Regie führte Erwin Piscator, der erst aus dem US-Exil nach Deutschland zurückgekommen war. Ein Bühnenbildentwurf erinnert an die Inszenierung, die Mannheims Ruf als fortschrittliche Bühne wieder begründete. Eine Multimedia-Schau widmet sich der Choreografin Mary Wigman, die mit ihren Ausdruckstanz-Vorstellungen in den 1950er-Jahren auf der Mannheimer Bühne triumphierte. Die Museumsmacher haben ihr Choreografieskizzenbuch zu Carl Orffs *Carmina Burana* gleichsam zum Leben erweckt: dank Animationen bewegen sich die gezeichneten Tänzerfiguren in der von Wigman gedachten Weise.

DUNLOP
1
HAMPION

Erfinder auf Lebensfahrt

Automuseum Dr. Carl Benz in Ladenburg

»Töff, töff, töff! Ein neuer Gruß einer neuen Zeit. Ein erster Hornruf jener Epoche, wo der Motor seine Herrschaft antritt zu Lande, dann zu Wasser und schließlich in der Luft. Die Welt horcht auf! Die Menschen bleiben auf der Straße stehen, staunen und schauen. Wie, geht's mit rechten Dingen zu? Ein Wagen ohne Pferde, rennend und rollend?«

Mit so blumigen Worten beschrieb der badische Tüftler Carl Benz seine ersten Fahrten im Motorwagen 1885. In Ladenburg, wo der Ingenieur die letzten 26 Lebensjahre verbrachte, stellt das Automuseum Dr. Carl Benz den Pionier des Automobils vor. Standort der Ausstellung ist die Fabrik, in der Benz ab 1906 nach seiner Übersiedlung aus Mannheim Fahrzeuge produzierte: Ein großformatiges Foto in einem Fenster zeigt die Halle voller Arbeiter um 1910.

In einer Vitrine liegt das Buch *Lebensfahrt eines deutschen Erfinders*. Als 80-Jähriger erzählte »Papa Benz« – so nannten ihn Mitarbeiter – darin von seinem Werdegang und bemühte sich, seine Errungenschaften Laien verständlich zu erklären. Leser erfahren, wie der gebürtige Karlsruher ab 1878 in Mannheim Zweitaktmotoren entwickelte und produzierte – den Traum, einen Wagen ohne Pferde zu bauen, aber nie aus den Augen verlor. Das Exemplar des Buches im Ladenburger Museum trägt eine handschriftliche Widmung von Carl Benz' Frau Bertha. Die Technikbegeisterte unternahm mit ihren Söhnen Eugen und Richard 1888 im *Patent-Motorwagen Modell 3* die legendäre erste Autofernfahrt von Mannheim nach Pforzheim. Ausgestellt sind ein Nachbau des Originalgefährts, Fotos von Bertha und den Kindern, aber auch alte Strumpfbänder und Haarnadeln: Solche benutzte die Waghalsige angeblich, um das schwächelnde Vehikel zu reparieren. Autofans bestaunen Carl Benz' erste Visitenkarte, die früheste von ihm konstruierte Zündkerze, vor allem aber 120 Fahrzeuge, die Museumsgründer Winfried A. Seidel als Originale oder Nachbildungen versammelt hat: vom ersten Auto der Welt, dem *Benz Patent-Motorwagen*, bis zum *Benz Avus Rennwagen* von 1921, vom frühen Fahrrad bis zur Adenauer-Limousine *Typ 300*.

Ebenfalls in Ladenburg findet sich das Carl-Benz-Haus in der ehemaligen Villa der Familie. Am heutigen Sitz der *Daimler und Benz Stiftung* erzählt eine Ausstellung vom Leben des Autopioniers.

Deutsche Republik!
Wohlstand, Bildung, Freiheit für Alle.
F. Hecker.

Für die freie Republik

Stadtmuseum Sinsheim

Konstanz, 13. April 1848: Mit Jagdflinten und Sensen bewaffnet, ziehen mehrere Dutzend Männer im Morgenregen los. Gemeinsam mit Massen von Bauern, Tagelöhnern, Arbeitern und Soldaten, die sich unterwegs anschließen sollen, wollen sie in Badens Hauptstadt Karlsruhe marschieren, um Demokratie, Pressefreiheit, gleiche Rechte und soziale Reformen zu erzwingen. Vorneweg der ehemalige Offizier Franz Sigel sowie der Jurist und Abgeordnete Friedrich Hecker. Mit Säbel am Gürtel und langer Feder am breitkrempigen Hut muss der bärtige Hecker wie ein Räuberhauptmann gewirkt haben. Seine Mission für die freie Republik ging als Heckerzug in die Geschichte ein.

Wie es den badischen Revolutionären auf ihrem Marsch erging, erfahren Besucher im Stadtmuseum Sinsheim. Weit von Konstanz entfernt, spielte der Ort im Kraichgau doch eine entscheidende Rolle im Freiheitskampf von 1848. Sigel stammte aus Sinsheim, Hecker aus dem nahen Dorf Eichtersheim. Während der revolutionären Unruhen hatte in Sinsheim der Apotheker und Demokrat Gustav Mayer, der mit Hecker im Kontakt stand, schon Anfang 1848 die Macht übernommen.

Der Heckerzug scheiterte, weil die Revolutionäre zu wenige Mitstreiter begeisterten. Schon am 20. April besiegten regierungstreue Truppen rund 800 halb erfrorene Freiheitskämpfer bei Kandern. Als Gustav Mayer von Sinsheim aus mit Bewaffneten Richtung Karlsruhe zog, war der Aufstand schon vorbei. Hecker wanderte in die Vereinigten Staaten aus. Doch die Revolution flammte wieder auf. 1849 schlugen sich große Teile der badischen Armee auf die Seite der Revoluzzer: Sigel wurde ihr Befehlshaber und Kriegsminister.

Im Museum steht inmitten von Flugblättern und Urkunden eine Puppe, uniformiert als Soldat der badischen Revolutionsarmee, das Gewehr im Anschlag. Auch Mayer trug die blaurote Uniform. Schließlich schlugen preußische Truppen die Revolte nieder: Mayer und Sigel flohen nun ebenfalls in die USA. Dort brachte es Sigel später zum Generalmajor im amerikanischen Bürgerkrieg. Er mobilisierte Tausende Deutschstämmige – auch Hecker – für die Nordstaatenarmee und ging als Kriegsheld in die Geschichte ein. Das Museum erzählt mit Gemälden und Gegenständen aus dem Besitz der Auswanderer, wie dieser Kampf gegen Sklaverei siegreich endete.

9

Aus Papier mach Kunst

Buchmachermarkt in Mosbach

Alles außer langweilig: Der Buchmachermarkt in Mosbach zeigt, welche aufregenden Dinge kreative Köpfe mit Papier, Tinte und Farbe anstellen können. Buchkünstlern, Kunsthandwerkern, Papierschöpfern, Druckern und Kalligraphen über die Schulter schauen und außergewöhnliche Mitbringsel erstehen – ein Besuch im Fachwerkstädtchen Mosbach lohnt sich in jedem Fall.

Ein Buchbinder bietet Goethe-Gedichtbände an, die nur wenige Zentimeter groß sind. Ein indischer Kalligraph bringt Kapitel aus der Bibel in winziger Schönschrift auf Büttenpapier, sodass sich in der Gesamtschau filigrane Gemälde von zwei Papageien, zwei Pinguinen oder den drei Weisen aus dem Morgenland ergeben. Eine Buchrestauratorin führt vor, wie sie eine 300 Jahre alte Bibel von Staub, Schmutz und Schädlingen befreit und anschließend die lädierten Seitenränder mit Papiermasse ergänzt. Eine Kunsthandwerkerin erklärt, wie sie Seiten kreativ faltet und einschneidet, wodurch aus den Druckwerken kleine Skulpturen entstehen: ein Stern, ein Elch, ein Tannenbaum. Eine Scherenschnittkünstlerin schafft Weihnachtsmotive für Grußkarten, Laternen und Lesezeichen. Eine Buntpapiererin lässt mit Kleister und Farbe zarte Muster auf Büttenpapier erscheinen. Im historischen Druckmuseum – einem Teil des Mosbacher Stadtmuseums – werfen Mitglieder des *Vereins Druckwerkstatt Mosbach* die Zeitungsdruckmaschine von 1890 an, erstellen mit der Kniehebelpresse von 1900 ein zweifarbiges Plakat von einem Holzschnitt und fabrizieren mithilfe der Linotype-Setzmaschine von 1948 ganze Zeilen aus Bleilettern.

Kinder haben Spaß beim Mitmachprogramm rund um die Themen Papier, Schrift und Buch. Der Eintritt zum Markt, der alle zwei Jahre im Herbst stattfindet, ist frei. Am Sonntag, dem zweiten und letzten Tag des Marktes, füllen obendrein Stände die Gassen und Plätze zwischen Rathaus, Marktplatz und Museumshof: Dann können Schnäppchenjäger beim Bücherflohmarkt Raritäten bestaunen, um den besten Preis feilschen, antike Landkarten erstehen oder einfach nur den Zauber alter Bücher genießen.

WILLY LINDWER
ANNE FRANK
DIE LETZTEN SIEBEN MONATE
AUGENZEUGINNEN BERICHTEN
S. FISCHER
Jacqueline van Maarsen
Die Erbschaft
S. FISCHER

Worte verbinden

Bücherei des Judentums in Buchen

Hebräische Gebetbücher, eine deutsche Ausgabe des Lehrwerks Talmud, jiddische Lieder, chassidische Geschichten und Jahrgänge der Zeitschrift *Der Jude*. Dazu Werke jüdischer Autoren wie Lion Feuchtwanger und Franz Kafka, *Das Tagebuch der Anne Frank*, Sally Perels *Hitlerjunge Salomon* und die Memoiren des 1973 verstorbenen israelischen Staatsgründers David Ben Gurion: Einen riesigen Schatz an Schriften zur jüdischen Religion beherbergt das ehemalige Beginen-Klösterle im Odenwaldstädtchen Buchen. Einmal pro Woche ist die dortige Bücherei des Judentums für Besucher geöffnet. Die rund 9.000 Bände dürfen benutzt und ausgeliehen werden. Der komplette Katalog findet sich auch im Internet.

Zu verdanken hat Buchen dieses Kleinod dem Pfarrer Herbert Duffner. Der Geistliche hatte sich bereits als Student für den jüdischen Religionsphilosophen Martin Buber (1878–1965) interessiert und später Arbeiten über das Judentum verfasst. Als Leiter des Kinder- und Jugenddorfes Klinge-Seckach nahe Buchen mietete er eigens Räume in der Einrichtung, um seine stetig wachsende Sammlung jüdischer Literatur unterzubringen. 1998 spendete er die Bibliothek und Geldmittel für ihren Unterhalt an eine Stiftung. Die Stadt stellte das Fachwerkgebäude zur Verfügung, im Lauf der Jahre ordneten und katalogisierten engagierte Helfer die Werke.

Im oberen Stockwerk finden sich unter anderem Fachliteratur, im Erdgeschoss Romane, Gedichte, Israel-Reiseführer, jüdische Kochbücher – fast alles in deutscher Sprache. Eine Zeitleiste erinnert an die Geschichte der Buchener Juden: 1337 wurde erstmals eine israelitische Gemeinde erwähnt, 1862 lebten 150 jüdische Bewohner in der Landstadt. Die Nazi-Herrschaft setzte dem friedlichen Zusammenleben ein Ende. Wer nicht rechtzeitig auswanderte, den deportierten die Machthaber in Vernichtungslager.

Im Geist von Herbert Duffner setzt sich die Stiftung für christlich-jüdischen Dialog und Versöhnung ein. Sie veranstaltet im Klösterle Klezmer-Abende und Vorträge oder ermöglicht Begegnungstage. Stipendiaten, die zwei Wochen in der Bibliothek arbeiten und abschließend einen Vortrag halten, steht ein Zimmer zur Verfügung. Für Schüler veranstaltet die Bibliothek den Wettbewerb »Jüdischem Glauben und Leben auf der Spur«.

Die Kiefer.
PINUS SYLVESTRIS
Der abendl: Lerchenbaum.
Pinus laricina.
Die Balsamtanne
PINUS BALSAMEA

Falkenfestung und Baumbibliothek

Burg Guttenberg in Neckarmühlbach

In einem Gemach der Burg Guttenberg stehen 90 Bände in Reih und Glied. Erst an den aufgeschlagenen Exemplaren wird deutlich: Das sind gar keine Bücher, sondern Schachteln. Der Einband ist aus dem Holz einer jeweiligen Baumart gefertigt, im Inneren verstecken sich die dazugehörigen getrockneten Blätter, Früchte, Zapfen und Samen. Diese zum Ende des 18. Jahrhunderts beliebten Holzbibliotheken oder Xylotheken dienten dem Zweck, Schülern und Forstleuten Wissen über den Wald zu vermitteln. Die Sammlung, die im Museum der Burg Guttenberg zwischen antikem Porzellan, Jagdtrophäen, Tarotkarten und Versteinerungen drapiert ist, gilt als eine der besterhaltenen Holzbibliotheken überhaupt.

Nicht nur diese kuriose Kollektion lohnt einen Besuch auf der mittelalterlichen Festung über dem Neckartal. In ihrer mehr als 800-jährigen Geschichte wurde die Anlage nie zerstört. Stolz thront der Komplex von Türmen, Bögen, Portalen, Treppchen, Brücken und Wehrgängen auf einem Bergsporn.

Gleich hinter der mächtigen Steinbrücke fällt eine Gedenktafel auf, die in die Burgmauer eingelassen ist. Sie zeigt das Konterfei des Dichters Wilhelm Hauff (1802–1827). Der Stuttgarter unterrichtete in den Jahren 1825 die Söhne der Freifrau Ernestine von Hügel, geborene Gemmingen-Guttenberg. Die Familie von Gemmingen war bereits seit 1449 im Besitz der Burg Guttenberg – und ist es im Übrigen bis heute. Hauff fand neben seiner Lehrertätigkeit genügend Zeit, um Erzählungen zu schreiben. So arbeitete er in der Festung an der Geschichtensammlung *Das Wirtshaus im Spessart* und an der Napoleon-Novelle *Das Bild des Kaisers*. In Letzterer beschrieb er auch die Burg Guttenberg, welcher er allerdings den Namen »Schloß Thierberg« verpasste:

»Der alte schwärzlich graue Wartturm war auf der Mittagsseite von oben bis in den Graben hinab mit einem Mantel von Epheu umhängt. Aus den Ritzen der Mauer sproßten Zweige und grüne Ranken, und um das Thor zog sich ein breites Rebengeländer, dessen zarte Blätter und Fasern sich mit sanfter Gewalt um die rostigen Angeln und Ketten der Zugbrücke geschlungen hatten. Zur rechten Seite des Schlosses hinderte der dunkle Wald die Aussicht, aber links, an den hohen Mauern vorüber, tauchte das Auge hinab in die Tiefe des schönen, fruchtbaren Neckarthals, schweifte hinauf, den Fluß entlang, zu Dörfern und

Greifvogelvorführung auf Burg Guttenberg

Weilern und weit über die Weinberge hin nach fernen, blauen Gebirgen.«

Auch für Hauffs *Lichtenstein*, den 1826 erschienenen ersten historischen Abenteuer- und Ritterroman in deutscher Sprache, stand Burg Guttenberg Pate.

In den historischen Gemäuern informiert das Museum über das Leben innerhalb der Festungsmauern, die im 16. Jahrhundert 40 Menschen beherbergten: Ritterfamilien, Zofen, Knappen, Rossknechte, Torwächter, Küchenmägde waren darunter – und viele Kinder. In Kriegszeiten suchten obendrein die Dorfbewohner aus Neckarmühlbach Zuflucht in der bestens gesicherten Anlage. Wie Ritter ausgebildet wurden und lebten, welche Rüstungen sie trugen, welche Waffen sie führten, aber auch mit welcher Brutalität im Mittelalter gefoltert wurde, zeigt die Ausstellung darüber hinaus mit vielen originalen Exponaten.

Auf dem Weg durch die Gemächer bis zum 40 Meter hohen Bergfried begegnen Besucher nicht nur der Bibliothek aus Holz, sondern auch Büchern aus Papier und Pergament. Mehr als 3.000 Bände haben die Herren von Gemmingen über die Jahrhunderte zusammengetragen. Diese sind teils in einer mit Glasscheibe gesicherten Prachtbibliothek, teils in Vitrinen präsentiert. Die in braunes oder weißes Schweinsleder gebundenen Bände, die Landkarten, Landschaftsgrafiken und Porträts zaubern eine Atmosphäre der Gelehrsamkeit in die Burgmauern. 23 Inkunabeln, frühe Drucke aus der Zeit vor 1500, sind Teil des Bestands. Aus dem Jahr 1434 datiert ist eine mit Gänsekiel geschriebene deutsche Übersetzung der Evangelien und Episteln des Herausgebers Johannes Zelt. Viele der Werke sind auf Französisch – der Sprache, in der die Mitglieder höfischer Kreise miteinander parlierten. So fehlen die Memoiren des Kardinals Richelieu ebenso wenig wie die Werke des Philosophen Jean-Jacques Rousseau.

Die Bücherschatzkammer beherbergt zudem die gesammelten Werke des humanistischen Philosophen und Theologen Nikolaus von Kues (1401–1464), ebenso viele Schriften des Universalgelehrten Albertus Magnus (1200–1280). Beeindruckend nimmt sich die präsentierte Bibelsammlung aus. Dazu gehört auch eine 1490 vom Augsburger Druckpionier Johann Schönsperger d. Ä. hergestellte Inkunabel: Es handelt sich um eine der raren deutschen Übersetzungen der Heiligen Schrift vor Martin Luther. Prachtexemplare sind auch die Faksimiles einer Bibelhandschrift aus der Stauferzeit um 1250 sowie der wohl schönsten von 49 weltweit noch erhaltenen Anfertigungen aus der Werkstatt des Druckerfinders Johannes Gutenberg: Das Original der Letzteren wird im spanischen Burgos aufbewahrt.

Die Literatursammlung auf Burg Guttenberg gibt auch Hinweise, wie einst mit den weniger Frommen und Bibeltreuen umgegangen wurde. Zum Beispiel eine *Strafandrohung gegen Landstreicher und Diebe* von 1717, eine *Halsgerichtsordnung* von 1733 oder Leonhard Fronspergers Militärbuch *Von kayserlichen Kriegßrechten, Malefiz und Schuldhändlen* von 1571, in dem auf Holzschnitten die Enthauptung eines Delinquenten mit dem Schwert und ein Spießrutenlauf dargestellt sind. Im *Turnierbuch der Kraichgauer Ritterschaft*, von dem ein Nachdruck zu sehen ist, reiten gewappnete Ritter auf ihren farbenfroh geschmückten Pferden in den Streit. Um das angeblich kleinste Buch der Welt – es enthält das Vaterunser in sieben Sprachen – zu entziffern, ist die montierte Lupe sehr hilfreich. Einen Ehrenplatz in einer Nische im Turmaufgang besitzt wiederum das wohl berühmteste Falknerbuch. *De arte venandi cum avibus*, zu Deutsch *Von der Kunst mit Vögeln zu jagen*, heißt das zwischen 1241 und 1258 erschienene Werk. Darin erläuterte Stauferkaiser Friedrich II. höchstselbst die hohe Kunst der Falknerei. Die historische Abschrift, die auf der Burg zu sehen ist, stammt aus dem Jahr 1756. Sie ist auf einer von Hunderten illustrierten Seiten aufgeschlagen und liegt auf rotem Samt neben einer Falkenhaube.

Die Erläuterungstafel zum Falkenbuch weist auf eine weitere Hauptattraktion der Burg Guttenberg hin: In der Festung ist die Deutsche Greifenwarte beheimatet. Kleine und große Besucher können vieles über Adler, Geier, Eulen und andere Greifvögel lernen und ihre spektakulären Flugvorführungen bestaunen.

Hier fluchte Götz von Berlichingen

Burg Hornberg in Neckarzimmern

Imposant erhebt sich Burg Hornberg inmitten von Weinhängen über dem Neckartal. Das beeindruckte offenbar auch den fränkischen Reichsritter Götz von Berlichingen (1480–1562). Er kaufte sich die Festung 1517 als Wohnsitz. Hier diktierte er seine Lebenserinnerungen, in denen er unverblümt und markig von seinen Kämpfen, Fehden und seiner Rolle als Anführer im Schwäbischen Bauernkrieg berichtete. Berühmt wurde das Zitat, das er einem Amtmann entgegenschleuderte: »Er soldt mich hinden leckhenn.« Eher lapidar erwähnte der Raubritter dagegen das Malheur, das ihm bei Landshuts Belagerung widerfuhr. »Und scheußt mir einer den Schwerdtknopf mit einer Feldschlange entzwei, daß mir das halbe Theil in Arm ging.« Das Geschoss aus der Feldschlange – einer schmalen Kanone – trennte Götz die Hand ab. Die kunstvolle Prothese mit Scharnieren und Zahnrädern, die ihm ein Schmied verpasste, machte ihn als »Ritter mit der eisernen Hand« berühmt. Als dieser taucht Götz von Berlichingen auch in Johann Wolfgang von Goethes gleichnamigem, 1774 uraufgeführtem Sturm-und-Drang-Drama auf.

Auf Burg Hornberg ist eine solche Feldschlange neben Hellebarden und anderen Waffen aus alter Zeit zu sehen. Auch die Ritterrüstung, die Götz trug, ist aufgestellt. Das kleine Museum findet sich im Weinverkaufsraum im ehemaligen Schafstall. Götz liebte die guten Tropfen. Auch deshalb wählte er Hornberg, wo man sich des zweitältesten noch existierenden Weinguts der Welt rühmt. Gemeinsam mit der Festung wurde es 1184 erstmals erwähnt. Die Familie von Gemmingen, seit 1612 Hausherren, bietet heutzutage Weinproben im Archiv in der unteren Burg an, die sonst privat bewohnt wird. Prachtstück des 800 Jahre alten Archivs und seiner 4.500-bändigen Bibliothek ist ein Exemplar des reich illustrierten Pflanzenbuchs *Hortus Eystettensis*, das Familienmitglied Johann von Gemmingen, Fürstbischof zu Eichstätt, 1613 anfertigen ließ.

Jederzeit besichtigt werden kann der obere Bereich der Anlage. Rund um den 33 Meter hohen Bergfried sind zahlreiche Gemäuer aus früheren Jahrhunderten erhalten. Im Marstall zwischen der unteren und oberen Burg befinden sich heute ein Hotel und ein Restaurant.

Karlsruhe und nördlicher Schwarzwald

Kurhaus Baden-Baden

Badens Bücherbasis

Badische Landesbibliothek in Karlsruhe

Bücher aus und über Baden, die hier nicht zu finden sind? Gibt es nicht. Die Badische Landesbibliothek in Karlsruhe mit ihren 2,7 Millionen Medien ist das Gedächtnis der Region zwischen Main und Bodensee. Aber sie ist auch ein lebendiger Ort zum Studieren, Schmökern und Entdecken. Das wissen täglich 2.000 Nutzer zu schätzen.

Viele von ihnen vertiefen sich im zentralen Lesesaal in uralte oder neu erschienene Werke. Über ihnen erstreckt sich die helle Kuppel, die Architekt Oswald Mathias Ungers (1926–2007) in Anlehnung an die klassizistischen Bauten der Umgebung entworfen hat. Dass die 1992 eingeweihte Bibliothek der Kirche St. Stephan des berühmten Karlsruher Architekten Friedrich Weinbrenner ähnelt, ist gewollt. Die übrigen Teile des Gebäudes sind rationell und formstreng gehalten.

Die Bibliothek besitzt eine mehr als 500-jährige Tradition. Sie geht zurück auf die Büchersammlung der badischen Markgrafen und Großherzöge. Aus ihrem Besitz, aber auch aus den Klöstern, die ab 1803 aufgehoben wurden, stammen die wertvollsten Werke. Die Bandbreite des Bestands ist riesig: Historische Karten, Musikalien und Drucke sowie Tausende alte Handschriften gehören zum Fundus. Dieser umfasst zudem Plakate des Großherzoglichen Hoftheaters in Karlsruhe, badische Kochbücher aus dem 18. Jahrhundert, mittelalterliche Musikhandschriften, 1.000 Atlanten, vier Globen sowie 52.000 Land- und Seekarten. Selbst als im September 1942 die Weltkriegsbomben auf Karlsruhe fielen, überdauerten die meisten der Prachtstücke, weil sie ausgelagert waren.

Die älteste der mehr als 4.000 erhaltenen Handschriften ist ein lateinisches Fragment des Matthäusevangeliums. Es stammt aus dem 6. Jahrhundert. Normalerweise bestens verwahrt in den Magazinen, kommen derlei Schätze manchmal bei Ausstellungen ans Licht der Öffentlichkeit. Immer zu bewundern sind sie online, in der »Virtuellen Schatzkammer« der Landesbibliothek.

Diese birgt unter anderem das Stundenbuch von Christoph I. von Baden. Der fromme Markgraf ließ es sich eigens um 1488 in Paris anfertigen. Eine der prachtvollen Farbillustrationen zeigt den Herrscher höchstpersönlich beim Gebet. In der damaligen markgräflichen Residenz Pforzheim wirkte auch der Humanist Johannes Reuchlin. Der

Gelehrte vermachte seinen kostbaren Literaturbestand dem dortigen Chorherrenstift. Die Sammlung Reuchlin umfasst heute nach vielen Verlusten über die Jahrhunderte noch 13 hebräische Handschriften sowie vier hebräische und zwei griechische Druckwerke. Der Kenner des Judentums hinterließ beispielsweise eine besonders kostbare Abschrift eines

Badische Landesbibliothek Karlsruhe

Traktats aus dem Lehrwerk Talmud vom Anfang des 15. Jahrhunderts.

267 Pergament-, 162 Papierhandschriften und 212 Fragmente der Landesbibliothek stammen aus der mittelalterlichen Schreibstube auf der Insel Reichenau. Zu den schönsten Werken, welche die Mönche des Inselklosters abschrieben und mit kunstvollen Malereien verzierten, gehört eine Predigtsammlung aus der Mitte des 10. Jahrhunderts. Vom Leben des Mystikers und Philosophen Ramon Llull (1232–1316), der auf Mallorca wirkte, berichtet wiederum *Electorium parvum seu Breviculum.* Einer seiner Schüler bannte 1321 in Nordfrankreich die Lehren und Erzählungen seines Meisters auf Pergament und schmückte sie mit zwölf Miniaturmalereien. Das Manuskript gelangte aus dem 1806 aufgelösten Kloster St. Peter auf dem Schwarzwald nach Karlsruhe.

Das unbestrittene Prunkstück der Badischen Sammlung erzählt vom Drachentöter Siegfried und der blutigen Rache seiner Kriemhild: Es ist die älteste bekannte Ausfertigung des Nibelungenliedes, entstanden wohl vor 1300 im süddeutschen Raum. 2001 hatten die Landesbank Baden-Württemberg und die Bundesrepublik diese sogenannte *Handschrift C* aus der einst glanzvollen Fürstlich Fürstenbergischen Hofbibliothek in Donaueschingen gekauft. Seit 2009 gehört das Karlsruher Exemplar gemeinsam mit den zwei anderen vollständigen Nibelungenhandschriften in München und St. Gallen zum UNESCO-Weltdokumentenerbe.

Wer glaubt, selbst einen bibliophilen Schatz zu Hause zu horten, ist bei der Büchersprechstunde richtig aufgehoben. Ist der Dachbodenfund ein bedeutendes, seltenes Werk oder Massenware? Wie ist der Erhaltungszustand? Diese und andere Fragen beantworten Experten der Badischen Landesbibliothek alle zwei Monate bei einem Treffen – eine Anmeldung genügt für die Teilnahme.

Neben der Bewahrung historischer Zeugnisse erwirbt und katalogisiert die Einrichtung seit dem 19. Jahrhundert Literatur über Baden möglichst vollständig. Die Verlage geben zu diesem Zweck von jedem Buch, das in Baden-Württemberg erscheint, ein Pflichtexemplar ab.

Die Badische Landesbibliothek ist darüber hinaus eine Anlaufstelle für Kunstfreunde. Diese finden in einem der Flure etwa Bronzebüsten berühmter badischer Schriftsteller, die der Bildhauer Werner Stötzer (1931–2010) geschaffen hat. Eine von ihnen zeigt Alexander von Bernus (1880–1965), der sich über seine Autorentätigkeit hinaus mit alchemistischer Herstellung von Heilmitteln beschäftigte. Der Literaturbestand bewahrt 580 Drucke und 28 Handschriften aus seiner Sammlung okkulter, alchemistischer, mystischer und astrologischer Bücher auf.

Die anderen Büsten stellen Philipp Melanchthon (1497–1560), Hans Jakob Christoffel von Grimmelshausen (1622–1676), Abraham a Sancta Clara (1644–1709), Johann Peter Hebel (1760–1826) sowie Joseph Victor von Scheffel (1826–1886) dar. In den Magazinen lagern die kompletten oder teilweisen Nachlässe dieser Autoren und einer großen Schar weiterer Künstler: unter ihnen Johann Caspar Lavater (1741–1801), Alfred Mombert (1872–1942), Emil Strauß (1866–1960), Hermine Villinger (1849–1917), Heinrich Hansjakob (1837–1916), aber auch der Maler und Grafiker Albert Haueisen (1872–1954) und der Keramiker und Maler Max Laeuger (1864–1952).

Der schottische Autor und Künstler Ian Hamilton Finlay (1925–2006) gab den Karlsruher Bibliotheksbesuchern eine besondere Nuss zu knacken: An den Pfeilern des Lesesaals brachte er Steinplatten an, die wie antike Fundstücke aussehen. Auf diesen prangen lateinische und arabische Ziffern. Des Rätsels Lösung: Sie ergeben zusammen die Vorwahlnummer von 16 Städten auf allen Kontinenten – von London über Alexandria bis Canberra –, in denen es berühmte Bibliotheken gibt oder gab.

RUBINATO

Leuchtturm im Leseland

Museum für Literatur am Oberrhein in Karlsruhe

Das Museum für Literatur am Oberrhein in Karlsruhe hält, was sein Name verspricht. Die umfassende Ausstellung im Obergeschoss des gründerzeitlichen Prinz-Max-Palais stellt die literarische Landschaft links und rechts des Rheins vor. In dieser fruchtbaren Kulturregion, die sich Deutschland, Frankreich und die Schweiz teilen, wurde das Deutsche einst zur Schrift- und Dichtersprache. Das Museum, das auch ein Literaturhaus, eine Fachbibliothek und ein Nachlassarchiv umfasst, bietet sich als Appetitmacher und Ausgangspunkt für literarische Reisen durch das Land an.

Bücher in Originalausgaben und Nachdrucke, Habseligkeiten berühmter Autoren, Gemälde, Fotos, Ton- und Filmdokumente führen durch die Epochen und berichten von literarischen Größen der Region: von den frommen Mönchen auf der Bodenseeinsel Reichenau, deren kunstvolle Buchmalereien ab dem 8. Jahrhundert halb Europa eroberten, bis zum zeitgenössischen Romanautor Martin Walser, der am Nordufer des Sees zu Hause ist. Vom Mönch Otfried von Weißenburg, der mit seiner gereimten Zusammenfassung der Evangelien um 870 Gott als einer der Ersten in seiner deutschen Muttersprache lobte, bis zum Bildhauer und dadaistischen Lyriker des 20. Jahrhunderts, Hans Arp aus Straßburg.

Das Museum erzählt auch von den Minnesängern des 12. und 13. Jahrhunderts, deren Werke nur deshalb heute noch bekannt sind, weil sie in der *Großen Heidelberger Liederhandschrift* festgehalten sind, dem sogenannten *Codex Manesse*. Einer von ihnen wurde nach seinem Herkunftsort Gottfried von Straßburg genannt und besang in seinem Versepos *Tristan* die unglückliche Liebe eines Ritters zur Königin von Irland.

Im ausgehenden 15. Jahrhundert lehrten wiederum die Humanisten Agricola und Conrad Celtis an der Heidelberger Universität. Zur gleichen Zeit erteilte der Straßburger Sebastian Brant den Mitbürgern mit seiner Satire *Das Narrenschiff* moralische Lektionen. Der Pforzheimer Johannes Reuchlin und sein Großneffe Philipp Melanchthon aus Bretten läuteten mit ihren Schriften die Reformation ein. Der Elsässer Johann Fischart polemisierte mit satirisch-derben Wortkunstwerken gegen das Papsttum und die Jesuiten. Jörg Wickram, Stadtschreiber in Burkheim am Kaiserstuhl, sammelte Schwänke, die er 1555 im *Rollwagenbüchlin* veröffentlichte.

Museum für Literatur am Oberrhein Karlsruhe

In der Barockzeit schmiedete Martin Opitz in Heidelberg kunstvolle Verse, Hans Jakob Christoffel von Grimmelshausen ersann in Oberkirch und Renchen seine Schelmenromane um den weit gereisten Simplicius Simplicissimus. Fast genauso derb und kraftvoll lesen sich die religiösen Traktate und Gedichte des Predigers Abraham a Sancta Clara, der aus Kreenheinstetten bei Sigmaringen stammte und in Wien wirkte.

Am Karlsruher Hof versammelte später der aufgeklärt-absolutistische Karl-Friedrich von Baden (1728–1811) Literaten wie Friedrich Gottlieb Klopstock und Heinrich Jung-Stilling um sich. Eine *Faust*-Lesung Johann Wolfgang von Goethes – dargestellt im Literaturmuseum auf einem monumentalen Bild von Friedrich August Pecht – hat zwar dort nie stattgefunden. Dennoch beehrte der Dichterfürst die kurpfälzische Residenzstadt mehrmals mit seiner Anwesenheit.

Das Pecht-Gemälde in gleicher Größe neben der Goethe-Darstellung zeigt hingegen sehr wohl eine historische Begebenheit: Friedrich Schiller verlässt am 13. Januar 1782 das Nationaltheater in Mannheim. Er hat dort die Uraufführung seines Erstlingswerks *Die Räuber* besucht. Damit begann seine Laufbahn als gefeierter Dramatiker. Für einen Meilenstein der deutschen Romantik sorgten dann Achim von Arnim und Clemens Brentano 1805: In Heidelberg veröffentlichten die Poeten Volkslieder und Gedichte in ihrer Sammlung *Des Knaben Wunderhorn*. Annette von Droste-Hülshoff schrieb 36 Jahre später auf Burg Meersburg am Bodensee ihre tiefgründigen Balladen. Gegen

Ende des 19. Jahrhunderts schilderte Berthold von Auerbach in seinen *Schwarzwälder Dorfgeschichten* ein komplettes Dorf und seine Bewohner.

Der anarchistische Denker und Schriftsteller Gustav Landauer aus Karlsruhe wurde zu einem der Protagonisten der Münchner Räterepublik – ehe ihn Soldaten 1919 erschlugen. Der Elsässer René Schickele kämpfte vor und zwischen den Weltkriegen für deutsch-französische Verständigung und Frieden. Die in Karlsruhe geborene Marie Luise Kaschnitz drang mit nachdenklichen Romanen und Gedichten ins Seelenleben der Nachkriegszeit ein. Und noch immer ist die Oberrheingegend eine höchst fruchtbare Literaturregion: Das beweisen die Audioaufnahmen von Lesungen zeitgenössischer Schriftsteller, unter denen Besucher wählen können.

Separate Gedenkräume sind zwei Größen der badischen Literatur gewidmet: Johann Peter Hebel (1760–1826) und Joseph Victor von Scheffel (1826–1886). Vom Theologen und Lehrer Hebel, der mit seinen *Alemannischen Gedichten* und Kalendergeschichten zum Schmunzeln und Nachdenken anregte, sind persönliche Gegenstände ausgestellt. Zu sehen sind ein Besteckkasten von 1817 und sein Schreibtisch aus der Zeit, da er zuerst als Gymnasialdirektor, dann als Prälat der lutherischen Landeskirche in Karlsruhe wirkte. Ein Bilderbogen von 1867, der als Vorläufer der heutigen Comics gesehen werden kann, erzählt Hebels berühmte Kalendergeschichte *Kannitverstan* nach.

Geradezu herrschaftlich mutet das Kabinett für den Historienschriftsteller und Bestsellerautor Scheffel an. Mittelpunkt ist sein Thronsessel mit der 1,60 Meter hohen Lehne vor einem Regal mit Ausgaben seiner Werke *Ekkehard*, *Der Trompeter von Säckingen* und *Gaudeamus*. Weil das Museum aus einer Gedenkstätte für den Dichter hervorging, beherbergt es das Victor-von-Scheffel-Archiv mit Dokumenten aus seinem Nachlass, Erstausgaben, Handschriften, Briefen und Dokumenten – sowie Nachlassdokumenten von rund 150 weiteren Schriftstellern. Hinzu kommen rund 10.000 Bände der Oberrheinischen Bibliothek. Sie umfasst nahezu alles, was in und über die Region geschrieben wurde, und kann wie das Archiv nach Anmeldung genutzt werden.

Träger der Einrichtung ist die *Literarische Gesellschaft Karlsruhe*, die ihre Wurzeln im 1924 gegründeten Scheffelbund hat. Sie veranstaltet im Prinz-Max-Palais Lesungen, Vorträge, Tagungen und Workshops. In ihrem Auftrag erscheint zudem die Literaturzeitschrift *allmende*. An Baden-Württembergs beste Deutsch-Abiturienten vergibt die Literarische Gesellschaft jährlich den Scheffel-Preis.

Deutschlands Lehrer, Luthers Freund

Melanchthonhaus in Bretten

»Melanchthonstadt« nennt sich Bretten stolz. So wundert es nicht, dass das prächtigste Haus in der Altstadt von Philipp Schwarzerdt kündet, der seinen Namen auf Griechisch in »Melanchthon« übersetzte und als Reformator, Humanist und Universalgelehrter Geschichte machte. 1930 erbauten die Brettener das rot leuchtende Sandsteingebäude an der Stelle, wo Melanchthon 1497 als Sohn eines pfälzischen Rüstmeisters und Waffenschmiedes auf die Welt gekommen war. Das ursprüngliche Geburtshaus war 1689 dem Pfälzischen Erbfolgekrieg zum Opfer gefallen.

Durch ein neogotisches Portal betreten Besucher das Melanchthonhaus. Sie gelangen zunächst in die Gedächtnishalle, die mit ihrem feierlichen Spitzbogengewölbe einem Kirchenraum ähnelt. Statt Heiligenfiguren flankieren schneeweiße Standbilder von Reformatoren die Wände zwischen den Buntglasfenstern: Justus Jonas, Johannes Calvin, Johannes Bugenhagen, Martin Butzer, Johannes Brenz, schließlich Martin Luther und dessen rechte Hand Philipp Melanchthon. In einer Nische steht ein Altar. Zu besonderen Anlässen wie dem Reformationstag feiern die Brettener evangelischen Christen hier Gottesdiente.

An der Westwand der Halle zeigen vier Gemälde des Karlsruhers August Groh (1871–1944) Stationen aus Melanchthons Leben. Ganz links ist eine Szenerie am Brettener Marktbrunnen zu sehen. Der heranwachsende Philipp steht barfuß im kurzen weißen Gewand neben seinem bärtigen Großvater, dem Oberamtsschultheiß Johann Reuter. Der einflussreiche Mann ließ den Enkel schon als Kind Latein lernen. Um die beiden gruppiert sich eine Schar fahrender Studenten, mit denen der Junge bereits in der Sprache Ciceros diskutieren konnte.

Ein Gemälde zeigt Melanchthon im Jahr 1524 betend auf freiem Feld. Im Hintergrund zeichnen sich die Türme Brettens ab. Er besuchte die Stadt wieder, die er 1508 verlassen musste, als Vater und Großvater gestorben waren. In Pforzheim war er in die Obhut eines Verwandten gekommen, des Humanisten Johannes Reuchlin. Als knapp 13-Jähriger begann er ein Studium in Heidelberg und Tübingen. Er befasste sich mit alten Sprachen und schrieb etliche Werke. Als 21-jähriger Griechischprofessor an der Universität Wittenberg lernte er den Reformator Martin Luther kennen, dessen wichtigster Mitarbeiter er wurde.

Das nächste Schlaglicht: Melanchthon schreitet 1526 durch das Getümmel der Stadt Nürnberg, zu seiner Seite Räte, Gelehrte und angesehene Bürger wie Albrecht Dürer und Willibald Pirckheimer. Sie besuchen die Eröffnung der Oberen Schule im Ägidienkloster – des heutigen Melanchthon-Gymnasiums. Den Beinamen »Praeceptor Germaniae«, Lehrer Deutschlands, erhielt Melanchthon, weil er dem deutschen Bildungswesen entscheidende Impulse gab. Für protestantische Städte verfasste er Schulordnungen und Lehrpläne, er förderte die Lehre der alten Sprachen und prägte die Universitäten in Wittenberg, Jena, Rostock und Kopenhagen.

Auch ein Wendepunkt im Jahr 1530 ist in der Halle dargestellt. Auf dem Augsburger Reichstag thront Kaiser Karl V. inmitten von Bischöfen und Kurfürsten. Fast schüchtern steht Melanchthon am Rand der Szenerie, während ein Mitstreiter die *Confessio Augustana*, das Augsburgische Glaubensbekenntnis, übergibt. Melanchthon hatte es verfasst, der vom Kaiser geächtete Luther es gebilligt. Die Evangelischen formulierten hierin erstmals, was sich in der Kirche ändern müsse. Weil der Kaiser Karl V. die Forderungen der Protestanten ablehnte – darunter religiöse Unabhängigkeit vom Papst –, war die Spaltung des Christentums besiegelt.

Auf dem letzten Bild liegt ein gebrechlicher Mann mit geschlossenen Augen im Bett. Am Fußende wartet ein stattlicher Geselle im schwarzen Umhang: Es ist Martin Luther, der seinen schwer erkrankten Mitstreiter 1540 in Weimar besuchte. Auch wenn Melanchthon schließlich andere Theorien vertrat als sein jahrzehntelanger Weggefährte, so würdigte er Luther doch als denjenigen, von dem er »das Evangelium

Gedächtnishalle im Melanchthonhaus

gelernt« habe. Melanchthon erholte sich und überlebte den 1546 verstorbenen Luther noch um 14 Jahre.

Im oberen Stockwerk in Bretten entfaltet sich die ganze Pracht des Historismus. Wände und Decken sind übersät mit Malereien, überall finden sich Zitate von und über Melanchthon. In gotischer Schrift sind sie auch in die Regale aus dunklem Holz geschnitzt, in denen Tausende edler Bücher stehen. Die Bibliothek umfasst rund 13.000 Bände. Werke Melanchthons befinden sich darunter, aber auch aus der Feder seiner Gegner und theologische Arbeiten zur Reformation. Neben der neuen Forschungsliteratur, mit welcher der Melanchthonverein die Sammlung regelmäßig ergänzt, sind vor allem die mehr als 4.000 historischen Drucke aus dem 15. bis 19. Jahrhundert sowie alte Manuskripte und Urkunden interessant. Zu den wertvollsten Stücken gehört die Mitschrift eines Studenten von der ersten Vorlesung, die Martin Luther 1516 und 1517 über den Galaterbrief hielt.

Den Grundstock des Literaturbestandes bildet der Nachlass des Berliner Kirchenhistorikers Nikolaus Müller (1857–1912). Müller war auch einer der Hauptinitiatoren für den Wiederaufbau des Hauses. Ausgewählte Melanchthon-Bücher aus seinem einstigen Besitz liegen in Vitrinen aufgeschlagen. Zum Beispiel gedruckte Ausgaben der *Confessio Augustana*, davon eine ins Deutsche übersetzte und 1532 in Erfurt gedruckte. Oder die erste reformatorische Dogmatik *Loci communes*. Eine Grammatik, ein Lehrbuch der Rhetorik, ein mathematisches Werk zur Berechnung von Erde und All sowie eine Weltchronik belegen die Vielseitigkeit des Bretteners.

Spektakulär sind alle vier Räume der oberen Etage. An der Holzdecke des Städtezimmers prangen 121 Wappen: Sie stehen für die Orte in ganz Europa, mit denen Melanchthon Beziehungen unterhielt. Im Theologenzimmer zeigt über den Bücherregalen, zwischen Predigtworten und Aussprüchen Melanchthons, eine Wandmalerei bedeutende Theologen der Reformationszeit. Ähnlich ist das Humanistenzimmer gestaltet, nur dass hier Gelehrte der Zeit wie Johannes Reuchlin und Erasmus von Rotterdam dargestellt sind. Im Fürstenzimmer zeugen schließlich elf Bildnisse evangelischer Herrscher von der politischen Dimension der Reformation. Von den Wänden sehen etwa der Dänenkönig Christian III. (1503–1559) und Markgraf Albrecht von Brandenburg (1490–1545) herab.

Neben Museum und Fachbibliothek fungiert das Haus auch als Sitz der Europäischen Melanchthon-Akademie, die sich der internationalen Forschung über den Brettener Humanisten ebenso wie dem Dialog der Kulturen verschrieben hat.

Johannes
REUCHLIN
(Abguss der Statue vom Wormser Lutherdenkmal)

Im Sprachlabor des Humanisten

Museum Johannes Reuchlin in Pforzheim

Johannes Reuchlin (1455–1522) war ein Büchermensch. Er las, schrieb, übersetzte und sammelte Werke – und stellte sich gegen ihre Verbrennung. Nur folgerichtig, dass die Innenarchitektur im modernen Reuchlin-Museums in Pforzheim an ein Bibliotheksregal erinnert. Im Anbau der Stiftskirche St. Michael erzählen Schriften und Gegenstände auf vier Etagen von Herkunft, Leben, Werk und Wirkung des großen Humanisten, der als Kämpfer für Toleranz und Völkerverständigung Geschichte machte.

Dem jungen Pforzheimer gelang, wovon noch heute Jugendliche träumen: Sein Gesangstalent verhalf ihm zum Durchbruch. Der Markgraf von Baden zeigte sich begeistert von der glockenklaren Stimme des Jungen, den er im Chor des Kollegiatstifts singen hörte, und förderte ihn. Das Gelehrtenstift mit Lateinschule befand sich auf dem Pforzheimer Schlossberg, wo seit 1220 die badischen Landesherren residierten. Nach dem Bombenhagel des Zweiten Weltkriegs, der Pforzheim in Schutt und Asche legte, erinnert heute nur noch wenig an den Herrschaftssitz – zu den Relikten gehört die wiederaufgebaute Stiftskirche mit ihrem Anbau.

Die Statue vor der Kirche zeigt Reuchlin mit Blick leicht nach oben gerichtet. Ob er wirklich so aussah, ist nicht überliefert: Ein Porträt aus seiner Zeit existiert nicht. Anders als seine Briefpartner Martin Luther und Erasmus von Rotterdam hielt Reuchlin nicht viel von Bildnissen seiner Person. Er wollte allein durch das Wort wirken. Im Reuchlin-Museum lässt ein Monitor mit Morphing-Technik verschiedene, teils völlig unterschiedliche Darstellungen des Reformators ineinander überfließen. Das verdeutlicht: Wir finden den großen Philosophen und Vordenker der Aufklärung am ehesten in seinen Schriften.

So erzählen zeitgenössische Dokumente, Zitate und viele einordnende Informationen, wie der wissbegierige Mann zum Studenten in Freiburg, Paris, Basel, Orléans und Poitiers, schließlich zum juristischen Berater des württembergischen Grafen Eberhard im Bart (1445–1496) in Stuttgart wurde. Nach einer Station in Heidelberg, wo sich Reuchlin einem Kreis von Humanisten angeschlossen hatte, und mehreren Italienreisen weilte er ab 1498 wieder in Stuttgart. Elf Jahre lang wirkte er als Oberster Richter beim Schwäbischen Bund und vermittelte in Konflikten der Fürsten. Er unterrichtete als Professor Hebräisch in Ingolstadt und Tübingen. 1522 erlag Reuchlin in Stuttgart

Gegner verbrannten Reuchlins Schrift Augenspiegel

dem Gelbfieber. In der dortigen Leonhardskirche liegt er bestattet.

Im Pforzheimer Museum ist eine Kopie des Grabsteins zu sehen, der nach Reuchlins eigenem Entwurf auf Latein, Griechisch und Hebräisch beschriftet wurde. Reuchlin beherrschte diese Sprachen, dazu Französisch und Italienisch. Besonders verbunden war er dem Hebräischen: Von jüdischen Gelehrten ließ er sich in der Sprache des Alten Testaments unterrichten, zur Übung studierte er hebräische Bibelkommentare und Grammatiken. Die sieben Bußpsalmen der Bibel übersetzte er vom Hebräischen ins Lateinische und publizierte eine zweisprachige Ausgabe, die auch Martin Luther später benutzte. Wie kein Denker vor ihm hielt Reuchlin die jüdischen Wurzeln des christlichen Glaubens hoch. »Wir Lateiner trinken Wasser aus dem Sumpf, die Griechen aus den Bächen, die Juden aber aus den Quellen«, schrieb er.

In einer Zeit allgegenwärtiger Hetze und Pogrome gegen Juden bezog Reuchlin einsame Stellung für Toleranz. So auch, als der zum Christentum konvertierte Jude Johannes Pfefferkorn eine Kampagne startete, um jüdische Texte zu konfiszieren und zu vernichten. Reuchlin schritt ein. In einem Rechtsgutachten an den Kaiser, das er 1511 unter dem Titel *Augenspiegel* veröffentlichte, warnte er: »Viel Schlimmes könnte entstehen, wenn wir ihre Schriften verbrennen würden.«

Während der Humanist Erasmus von Rotterdam den *Augenspiegel* als »wunderbares Buch« lobte, beschimpften Reuchlins Gegner den »Judenfreund«, strengten einen Ketzerprozess in Rom an und warfen seine Werke ins Feuer. Im Museum ist der *Augenspiegel* in einer Installation mit angesengten Seiten zu sehen. Daneben ist das Werk ausgestellt, das Widersacher Pfefferkorn als Replik herausgab und in dem die grausame Vierteilung des Pforzheimers abgebildet ist. Der Papst schließlich verbot Reuchlins »unerlaubt judenfreundliches« Buch. Doch der Humanist ließ sich nicht beirren und vertrat zeitlebens seine Positionen.

Sein Hauptwerk kann digitalisiert am Bildschirm durchgeblättert werden – von rechts nach links, wie bei jüdischen Schriften üblich. Es handelt sich um die *Rudimenta*, 1506 als erstes Lehrbuch der hebräischen Sprache für Christen erschienen. In *Kunst der Kabbala* von 1517 ließ Reuchlin einen griechischen Humanisten, einen gelehrten Muslim und einen gebildeten Juden über jüdische Mystik diskutieren. Der vielseitige Denker verfasste Abhandlungen über das Predigen, über Sprachwissenschaft, sogar erotische Gedichte. Im Schwank *Henno* nahm er den eigenen Juristenberuf auf die Schippe. Eine *Henno*-Aufführung des Pforzheimer Reuchlin-Gymnasiums läuft als Video in der Ausstellung.

Leidenschaftlich sammelte Reuchlin Bücher. Seine Bibliothek mit 350 Handschriften und frühen Drucken vermachte er testamentarisch dem Gelehrtenstift. Lange stand sie in einem Anbau der Stiftskirche, ehe sie nach etlichen Ortswechseln und Verlusten den Grundstock der heutigen Badischen Landesbibliothek in Karlsruhe bildete. Aktuell sind dort noch zwölf hebräische Handschriften sowie vier hebräische und zwei griechische Drucke aus der Sammlung erhalten. Belesen war der Pforzheimer, aber auch bewandert: Mehrmals bereiste Reuchlin Italien, traf dort den Philosophen Giovanni Pico della Mirandola (1463–1494), den Verfasser der Rede *Über die Würde des Menschen*. Das Museum stellt beide in eine Reihe mit anderen Kämpfern für Freiheit und Menschenrechte wie Martin Luther King und Nelson Mandela.

So wie die Musik für seine Karriere den Anstoß gab, blieb sie Reuchlins steter Begleiter. In einem Hebräisch-Lehrbuch von 1518 etwa stellte er den Synagogengesang mit Notensätzen dar. Auf dieser Grundlage schuf die chilenische Komponistin Catalina Vicens 2015 eine Klanginstallation, die im angrenzenden Stiftschor ertönt. Die erhabene Halle, wo sich die 24 Stiftsherren zum Chorgesang und Gebet versammelten, war einst Teil der Kirche. Nach Kriegszerstörung und Wiederaufbau ist der Saal nun vom Gotteshaus abgetrennt und gehört zum Museum. Imposant sind die Grabmäler des Hauses Baden, die auf die Gruft unter dem Stiftschor verweisen. Hier bestattete die Herrscherfamilie bis 1860 ihre verstorbenen Mitglieder.

LE GIBIE

17

Zum Ersten, zum Zweiten, zum Dritten

Auktionshaus Kiefer in Pforzheim

Wer das besondere Buch sucht, ist im Pforzheimer Auktionshaus Peter Kiefer richtig. Hier kommen vier- bis fünfmal jährlich bibliophile Kostbarkeiten, kolorierte Drucke und rare Konvolute unter den Hammer. In dem unscheinbaren Gebäude an der Enz herrscht Dauerbetrieb. Wenn nicht gerade im Untergeschoss die Bieter um wertvolle Werke wetteifern, sind Peter Kiefer und seine 22 Mitarbeiter damit beschäftigt, Bände zu sortieren, zu katalogisieren und für die nächste Versteigerung zu taxieren.

Auf 1.800 Quadratmetern lagern Tausende Druckerzeugnisse, dazu Grafiken und Gemälde, die ebenfalls meistbietend veräußert werden. Oft versteigert Kiefer komplette Bestände aufgegebener Antiquariate oder Nachlässe eifriger Büchersammler. So etwa der Bestand Rolf Dittmars mit fast 17.000 Kochbüchern, für die Kiefer 2001 eine Auktion mit eigenem Katalog organisierte. 400 Bieter kamen – darunter etliche Sterneköche – und sorgten für 700.000 Euro Erlös. 2003 versteigerte das Pforzheimer Auktionshaus nicht nur die Bibliothek des Klosters Zum Heiligen Grab in Baden-Baden, sondern ausnahmsweise auch Möbel, Teppiche und Haushaltsgegenstände aus dem aufgelösten Konvent.

Auktionator Peter Kiefer erzählt begeistert von solchen Ereignissen: Ihn selbst brachte die Liebe zu alten Büchern ins Geschäft. In seiner Jugend, erinnert sich der gebürtige Offenburger, durchforstete er Antiquariate im nahen Straßburg nach Deutschsprachigem. Als Student an der FH für Wirtschaft in Pforzheim begann er zunächst eigene, dann günstig eingekaufte Werke auf Flohmärkten zu verscherbeln. 1979 eröffnete Peter Kiefer schließlich sein eigenes Antiquariat und entdeckte bald eine Marktlücke: Versteigert wurden allerorts nur wertvollste Stücke, nichts für den kleinen und mittleren Geldbeutel. So eröffnete Kiefer sein eigenes Buchauktionshaus, das heute am Umsatz gemessen zu den größten in Deutschland zählt. In jedem Auktionskatalog stehen 4.500 bis 7.000 Positionen – einzelne Bände oder eigens geschnürte Buchpakete. Die Aufrufpreise starten bei 60 Euro: Bietet sich dann nur ein Interessent im Saal, per Internet, schriftlich oder per Telefon für ein Werk, erfolgt der Zuschlag schon bei zwei Dritteln, also 40 Euro. »Für ein Buchpaket ein echtes Schnäppchen«, findet Kiefer.

THEOLOGI

Hohe Schule der Weisheit

Historische Bibliothek in Rastatt

Lust auf eine Entdeckungsreise im Reich der antiken Bücher? Dann empfiehlt sich eine der regelmäßigen Abendveranstaltungen in der Historischen Bibliothek Rastatt.

Teilnehmer lernen, versteckte Anmerkungen in antiken Druckwerken zu finden, und üben, das Kolophon zu entziffern – den letzten Absatz in alten Schriften, der Auskunft über Autor, Verleger, Druckort und Erscheinungsdatum gibt. Bibliothekarin Heike Endermann erklärt, dass alle Werke, die zwischen 1450 und 1500 entstanden sind, in der ersten Phase des Buchdrucks, Inkunabeln oder Wiegendrucke genannt werden. Dass diese aussehen wie mittelalterliche Handschriften, weil die Lettern zwar gedruckt, aber oft noch per Hand verziert wurden. Dass die Redewendung »ein Buch aufschlagen« von den Metallschließen am Einband kommt, die sich öffneten, wenn der Leser beherzt auf den Buchdeckel klopfte.

Die Historische Bibliothek im Rastatter Ludwig-Wilhelm-Gymnasium bietet die ideale Umgebung für solche Erkundungen. Mehr als 80.000 Bände, darunter seltenste und wertvollste Werke, schmücken die Regale. Im Erdgeschoss dient ein ehemaliger Schulspeisesaal als Aufbewahrungsort. Besondere Bände liegen in Schaukästen inmitten des Raumes. Ein echtes Unikat ist etwa Hans von Orteinsteins gereimtes Historienwerk *Das Fräulein von Britannien*. Es erzählt vom kriegerischen Streit des römischen Königs Maximilian und des französischen Königs um die Braut Anna von Bretagne. Die mit Holzschnitten verzierte Inkunabel, gedruckt 1492 in Zweibrücken, existiert weltweit nur noch einmal.

Angeschafft wurden solche Prachtstücke einst für Schüler und Lehrer der 1715 gegründeten Piaristenschule. 1747 verlegte der Schulorden seine ehrwürdige Lehranstalt in ihr heutiges Domizil gegenüber der Rastatter Schlosskirche. Den Saal im ersten Obergeschoss errichtete der Baumeister eigens für die damalige Lehrerbibliothek der Piaristenmönche. Ab 1999 richtete die Stadt Rastatt diesen Saal wieder ein. Die kunstvollen, hohen Eichenholzregale sind teils original erhalten, teils den ursprünglichen Bücherschränken nachempfunden. Bestückt mit den ältesten Bänden, teilen sie den Raum und erlauben mit ihren portalartigen Durchlässen einzigartige Perspektiven. Der Saal beherbergt wechselnde Sonderausstellungen aus den Beständen der Schulbibliothek.

Bücherschätze aus der Historischen Bibliothek Rastatt

Die Sammlung ist auch deshalb so umfangreich, weil die Piaristenschule 1808 mit dem Lyzeum von Baden-Baden vereinigt wurde. Mit dessen Bibliothek kamen auch die Bände des ehemaligen Landeskollegs aus der langjährigen Hauptstadt des katholischen Baden nach Rastatt. Die Schule hieß nun Großherzogliches Gymnasium Rastatt. 100 Jahre später erhielt sie ihren heutigen Namen Ludwig-Wilhelm-Gymnasium zu Ehren des Prinzen von Baden (1865–1888). Die Bibliothek befindet sich seit 1961 im Besitz der Stadt Rastatt, welche die Bücher nicht nur Schülern und Lehrern, sondern allen Interessierten zugänglich macht. Mit mehr als 160 Inkunabeln aus dem 15. Jahrhundert, mehr als 700 Frühdrucken aus dem 16. Jahrhundert und rund 1.300 Werken aus dem 17. Jahrhundert zählt sie zu den bedeutendsten Schulbibliotheken Deutschlands. Besondere Schätze sind rund 40 mittelalterliche Handschriften auf Pergament und Papier. Das älteste Stück ist ein Blatt aus dem 9. Jahrhundert – es ist in alemannischer Minuskelschrift gehalten und wurde erst in jüngerer Zeit wiederentdeckt: Es war in eine Ausgabe von Werken des heiligen Augustinus aus dem Jahr 1491 hineingerutscht.

Wenn Bibliothekarin Endermann Besuchern die Sammlung zeigt, zieht sie einen prächtigen Band nach dem anderen aus den Regalen. Manche sind in Leder gebunden, mit Goldprägung oder silbernen Beschlägen geschmückt.

In manchen verbergen sich Illustrationen großer Meister wie Lukas Cranach d. J., Hans Holbein d. J., Matthäus Merian oder Bernard Picart. In einem Band mit Briefen des Heiligen Hieronymus, gedruckt in Basel, versteckt sich sogar der älteste nachweisbare Holzschnitt Albrecht Dürers. Er stammt aus dem Jahr 1497 und zeigt den Kirchenvater Hieronymus, der einem Löwen einen Dorn aus der Tatze zieht. Holzschnitte, deren Vorlagen möglicherweise Albrecht Dürer schuf, finden sich auch in der Moralsatire *Das Narrenschiff* des Straßburgers Sebastian Brant. Die Historische Bibliothek bewahrt eine in Augsburg gedruckte Inkunabel aus dem Jahr 1498 auf. Zu den besonders schmucken Beständen gehört das Werk *De humani corporis fabrica* des flämischen Mediziners Andreas Vesal. Den 1543 gedruckten anatomischen Atlas schmücken Hunderte Holzschnitte, die alle Details des menschlichen Körpers zeigen. Sogar der Ausstellungsmacher Gunter von Hagens lieh sich das Buch in Rastatt aus, um seine Schau plastinierter menschlicher Körper in Heidelberg zu dekorieren.

Stolz ist die Einrichtung auf ihre Sammlung von rund 3.000 Lesezeichen. Interessant, was die Schüler und Lehrer in früheren Zeiten alles nutzten, um eine Seite zu markieren: Andachtsbildchen, historische Städteansichten, Einladungen oder auch Fotos. Außergewöhnliche Stücke aus der Kollektion sind immer wieder in Ausstellungen zu sehen. Alte Schuljahresberichte zeugen von der Vergangenheit des Gymnasiums. Dort taucht beispielsweise der Name Heinrich Hansjakob (1837–1916) auf. Der Pfarrer und Heimatschriftsteller hatte die Lehranstalt von 1852 bis 1859 besucht und die Bibliothek ausgiebig genutzt, wie er seinen Memoiren anvertraute. Selbst als er 1870 wegen »lästerlicher Reden« gegen die badische Regierung 1870 im Rastatter Schloss eine vierwöchige Haftstrafe antreten musste, versorgte er sich in seiner ehemaligen Schule mit Büchern, die ihm »helfen sollten, die Stunden der Gefangenschaft leichter totzuschlagen«.

Zu den weiteren Persönlichkeiten unter den Schülern zählen der spätere Theologieprofessor und Kurienkardinal Augustin Bea (1881–1968) und der Arbeitgeberpräsident Hanns Martin Schleyer (1915–1977), dessen Entführung und Ermordung durch die Terrorgruppe RAF in den 1970er-Jahren die Schlagzeilen beherrschten.

Mit Lesungen, Vorträgen und Literarischen Matineen bietet die Historische Bibliothek ganzjährig ein umfangreiches Programm. Die Bestände können auf Anfrage genutzt werden.

Russische Roulettespieler

Literarischer Streifzug durch Baden-Baden

Willkommen in Roulettenburg. Dem Ort, an dem der unglückliche Hauslehrer Aleksej der Glücksspielsucht verfällt und sein Leben ruiniert: In der Figur seines tragischen Romanhelden in *Der Spieler* hat Fjodor Dostojewski (1821–1881) seinen eigenen fatalen Hang zum Glücksspiel angelegt. Dieser hatte ihn auf seiner ersten Auslandsreise als 41-Jähriger ergriffen. Eine der Stationen war Baden-Baden mit seinem weltberühmten Casino – neben Wiesbaden und Bad Homburg diente es als reales Vorbild für das verhängnisvolle fiktive Roulettenburg. Dostojewski kam immer wieder nach Baden-Baden. Ganze zehn Jahre ließ ihn die Sucht nicht los, ehe er nach St. Petersburg zurückkehrte, wo Glücksspiel wie im Rest Russlands verboten war.

Er war nicht der einzige russische Dichter, den die glanzvolle Bäderstadt am Rande des Schwarzwalds anlockte. So bleibt Baden-Baden für russische Literaturfreunde und Freunde der russischen Dichtung bis heute ein sehenswerter Ort. Ein guter Ausgangspunkt, um in Baden-Baden der Literatur – und damit ein Stück weit der russischen Seele – nachzuspüren, ist die Stadtbibliothek in der Luisenstraße. Hier sind Dostojewskis Werke wie *Der Spieler* zu lesen, aber auch *Schuld und Sühne* oder *Die Brüder Karamasow*.

Das benachbarte Gartenhaus der Stadtbibliothek beherbergt ein literarisches Museum, das – typisch Baden-Baden – der Muße und ihrer Wechselbeziehung mit der Literatur gewidmet ist. Neben russischen Autoren geht es auch auf US-Autor Mark Twain (1835–1910) ein, der die Stadt 1878 besuchte und in seinen Reiseerinnerungen das Thermalwasser lobte, aber Schein und Schwindel des hiesigen Umfelds kritisierte. Vorgestellt sind außerdem die deutschen Schriftsteller Werner Bergengruen (1892–1964) und Otto Flake (1880–1963), die im 20. Jahrhundert in Baden-Baden lebten. Im Besitz der Bibliothek befindet sich die Einrichtung von Flakes Arbeitszimmer samt dessen Schreibtisch. Büsten, Erinnerungsstücke, Fotos und Veröffentlichungen aus den Nachlässen – auch von den Autoren Franz Büchler, Georg Groddeck und Reinhold Schneider – vervollständigen die Sammlung.

Nicht weit ist der Weg vom Gartenhaus zur berühmtesten Baden-Badener Sehenswürdigkeit, dem klassizistischen Kurhaus. Der Karlsruher Baumeister Friedrich Weinbrenner hat es im 19. Jahrhundert entworfen. Das dort untergebrachte prunkvolle Casino gilt bis heute als eine der schönsten Spielbanken der Welt. An deren Tischen versuchte im Juli 1857 auch Leo Tolstoi (1828–1910) sein Glück. Der russische Autor epischer Romane wie *Krieg und Frieden* oder *Anna Karenina* notierte in seinem Tagebuch: »Roulette bis sechs Uhr

Baden-Baden, Literaturmuseum der Stadtbibliothek

abends. Alles verloren« – was nicht nur in Baden-Baden zum geflügelten Wort werden sollte. Über das Spielvergnügen hinaus lockt das Kurhaus heute mit Veranstaltungen. Unter anderem bietet das Literarische Café regelmäßig ein freies Forum für alle an, die eigene Texte vor Publikum vortragen wollen.

An die Kolonnaden und die Parkanlage vor dem Kurhaus schließt sich entlang des Flüsschen Oos die Lichtentaler Allee mit ihren uralten Bäumen an. Luxushotels flankieren Baden-Badens fast mediterran anmutende Flaniermeile. »Kommen Sie doch nach Baden-Baden«, schrieb 1865 der Kosmopolit unter den russischen Literaten, Iwan Turgenjew (1818–1883), an den Pariser Berufskollegen Gustave Flaubert. »Da sind die herrlichsten Bäume, die ich je gesehen habe.« Ein Denkmal an der Allee, halb versteckt unter Ästen und Blätterwerk, stellt den bärtigen Turgenjew dar. Gestiftet haben es im Jahr 2000 das russische Kulturministerium und andere Partner.

Von allen russischen Literaten verband Turgenjew am meisten mit der Stadt. Sieben Jahre, von 1863 bis 1870, lebte er an der Oos und erstand sogar eine Villa. Dem Kollegen Dostojewski schrieb er 1867 von seinem Entschluss, sich endgültig in Baden-Baden niederzulassen. Und dass er »sich nicht mehr als Russen betrachte, sondern als Deutschen«, worauf er besonders stolz sei. In seinem Roman *Rauch* verewigt er die Stadt, die er allerdings 1870 wieder Richtung Paris verließ – seiner lebenslangen unerfüllten Liebe zur verheirateten Sängerin Pauline Viardot wegen.

Bereits ein halbes Jahrhundert zuvor hatte der Erzähler Nikolai Gogol Baden-Baden beehrt, auch um sich von den dortigen Kurärzten behandeln zu lassen. Wer von der Lichtentaler Allee weiter ins Stadtzentrum spaziert, findet an einer Hauswand am Jesuitenplatz unterhalb des Rathauses eine Plakette, die an den humorvollen Wortkünstler erinnert: Ein Gesicht mit langer Nase lugt aus einem Mantel hervor und lässt an die Titel von zwei der berühmtesten Erzählungen Gogols denken.

In der etwas verstecken Gartenanlage beim Rathaus posiert Louise von Baden (1779–1826) als Bronzedenkmal. Die Enkelin des Markgrafen von Baden heiratete den russischen Kaiser Alexander I. und wurde damit zur Zarin Jelisaveta Alexeevna. Die enge Verbindung Badens mit Russland kann als ihr ursprünglicher Verdienst gesehen werden. Das im Jahr 2008 errichtete Denkmal zeigt die begeisterte Leserin Louise mit einem aufgeschlagenen Buch in der Hand, hochgestecktem Haar und wallendem Kleid.

Weiter hangaufwärts befindet sich das Dostojewski-Haus in der Bäderstraße 2, in dem der Dichter einige Wochen einquartiert war. Eine Skulptur an der Fassade erinnert daran. Sie besteht aus einer Büste des Autors über dem aufgeschlagenen Roman *Der Spieler*. Heute logiert in dem Gebäude ein Immobilienbüro, das in kyrillischen Buchstaben um kaufkräftige Kunden aus Russland wirbt.

Eines der beliebtesten Fotomotive finden die zahlreichen russischen Baden-Baden-Touristen wenige hundert Meter weiter, oberhalb der Caracalla-Therme. Im als Park gestalteten Rotenbachtal steht er noch einmal, überlebensgroß und aus Bronze, der wohl größte Held der russischen Literatur: Fjodor Dostojewski balanciert barfuß auf einer Weltkugel. Die Hände hat er zu Fäusten geballt. Vielleicht deshalb, weil er mit Roulettenburg bis zum Schluss eine Rechnung offen hatte. Aleksejs Vorahnung bei seinem ersten Besuch im Casino hatte sich bewahrheitet:

»Ich muss gestehen, dass ich schweres Herzklopfen hatte und nicht kaltblütig war; ich wusste es schon längst und hatte fest bei mir beschlossen, dass ich nicht so aus Roulettenburg fortkommen würde; ich ahnte, dass mein Schicksal hier eine radikale und ausschlaggebende Wendung erfahren würde.«

ALTES RATHAUS
Martin Hipp

Schelm im Kriegsgetümmel

Heimat- und Grimmelshausenmuseum in Oberkirch

Wer war German Schleifheim von Sulsfort, der als Autor für *Der abentheuerliche Simplicissimus* verantwortlich zeichnete? Oder Philarchus Grossus von Trommenheim, aus dessen Feder angeblich die Lebensbeschreibung der *Erzbetrügerin und Landstörtzerin Courasche* geflossen war? Wer verbarg sich hinter den Schriftstellern Samuel Greiffensohn von Hirschfeld, Melchior Sternfels von Fugshaim, Michael Rechulin von Sehmsdorf und Israel Fromschmid von Hugenfels?

Literaturforscher kamen erst im 19. Jahrhundert dahinter: Es handelte sich samt und sonders um Anagramme – Buchstabenverdrehungen, mit denen Hans Jakob Christoffel von Grimmelshausen (1622–1676) seinen eigenen Namen unkenntlich machte. Deshalb gibt es im Heimat- und Grimmelshausenmuseum in Oberkirch, dem Wirkungsort des großen Erzählers und Satirikers der Barockzeit, ein Legespiel: Mithilfe von Buchstabenplättchen können die Besucher selbst zu Wortschöpfern à la Grimmelshausen werden.

Das Spielerische und Skurrile passt zum Autor, der die Brutalität und Bestialität in der bitteren Zeit des Dreißigjährigen Kriegs mit Humor nahm – manchmal mit recht derbem Humor. So finden sich im Museum, das sich im alten Rathaus dem Leben des Dichters widmet, einige Kuriositäten. Eine kleine Abteilung verweist auf eine groteske Episode aus dem satirischen Kriegs- und Abenteuerroman *Simplicissimus*: Auf dem stillen Örtchen beginnt das Papier mit dem Titelhelden Simplicius zu sprechen und beklagt in gotterbärmlicher Manier sein Schicksal. Vom Hanfsamen, der »gestampft, gestoßen, zerquetscht« worden sei, sei es zu Leinwand, zum Hemd, später zur Windel, zum Lumpen, dann zur Buchseite geworden: Nun müsse es auch noch einem »Landfahrer den Hintern« wischen. Das Papier fleht um Gnade – die ihm Simplicius nicht gewährt. Die Museumsmacher nahmen die skurrilen Ausführungen kurzerhand zum Anlass, mit historischen Gerätschaften Anbau und Verarbeitung von Nutzhanf in der Ortenau zu erklären.

Hier, wo auch Kirschen und Weinreben bestens gedeihen, war Grimmelshausen als Verwalter und Gastwirt tätig. Später stieg er sogar zum Bürgermeister im nahen Renchen auf. »Simplicianische Landschaft« werden das Renchtal und die Ortenau auch genannt. Schließlich entstanden in dieser Region

Grimmelshausens sämtliche Werke. Dem fünfbändigen *Simplicissimus* fügte der Autor insgesamt fünf Fortsetzungsromane hinzu: *Die Erzbetrügerin und Landstörtzerin Courasche, Das wunderbarliche Vogel-Nest* und *Der seltsame Springinsfeldt* sind die bekanntesten von ihnen. Viele Ausgaben dieser Werke sind im Museum zu bewundern,

Grimmelshausens berühmtestes Werk, der Simplicissimus

aber auch Grimmelshausens *Ewigwährender Calender* sowie einzelne Episoden aus seinen Romanen, die später separat veröffentlicht wurden, wie *Der erste Bärenhäuter, Die Gaukeltasche* und *Der Bartkrieg*.

Der Schriftsteller- und Bürgermeisterkarriere vorangegangen war freilich ein bewegtes Leben, wie Schautafeln, Landkarten und zeitgenössische Ansichten erzählen. Geboren im hessischen Gelnhausen, verlor Hans als Sechsjähriger seinen Vater. Als Zwölfjähriger musste er auch noch den Tod von Mutter und Stiefvater bei einem Überfall verkraften. Und es kam noch schlimmer: Kurz darauf wurde der Waisenknabe beim Spielen in Hanau von kroatischen Soldaten entführt. Es waren kriegerische Zeiten, und Grimmelshausen befand sich mittendrin.

Literaturhistoriker nehmen an, dass Grimmelshausen wohl als Trossbube, später als Musketier, dann als Regimentsschreiber sein Leben fristete. Inwieweit der reisende Ich-Erzähler im *Simplicissimus* Rückschlüsse auf das Leben des Verfassers zulässt, inwieweit es sich um erfundene Schelmereien handelt, ist nicht eindeutig beweisbar. Dass der Autor wie die Hauptfigur an der Schlacht bei Magdeburg teilgenommen hat, ist wahrscheinlich. Dass er in Paris als Opernsänger Karriere machte wie der Romanheld, eher nicht.

Sicher ist, dass der ehemalige Soldat Grimmelshausen im Jahr 1649 Verwalter bei Hans Reinhard Graf von Schauenburg im heutigen Oberkircher Ortsteil Gaisbach wurde. Er hatte dem Kommandanten Schauenburg schon vorher in Offenburg als Musketier und Regimentsschreiber gedient. Als Verwalter kümmerte er sich um die Weinberge des Grafen, brachte die im Krieg vernachlässigten Güter auf Vordermann, betreute den Gemeindestier, kassierte Frevelgelder von Straftätern und trieb bei den Bauern Steuern ein. Dokumente erzählen, dass der unbedarfte Grimmelshausen dabei oft genug selbst über den Tisch gezogen wurde.

Ab 1662 diente er, erneut als Verwalter, auf der Ullenburg beim Oberkircher Ortsteil Tiergarten. Ein Modell der heute zerstörten Festung ist im Museum aufgebaut. Burgherr war der belesene und bibliophile Straßburger Arzt Johannes Küeffer. Dieser stand in Kontakt mit der »Aufrichtigen Tannengesellschaft« in seiner Heimatstadt, welche für die Pflege der deutschen Sprache stritt. Eines der Mitglieder war der im nahen Willstätt aufgewachsene Satiriker Johann Michael Moscherosch (1601–1669). Auch Vielleser Grimmelshausen wäre gerne aufgenommen worden, was die gelehrten Herren dem Einzelgänger und Autodidakten jedoch verwehrten. Wenigstens durfte er die reichhaltige Bibliothek des Arztes auf Schloss Ullenburg nutzen.

Offenbar reichte das bei Küeffer verdiente Geld Grimmelshausen und seiner Frau Katharina nicht aus, ihre zehn Kinder zu ernähren. So machte sich der Weitgereiste als Gastwirt im heutigen Oberkircher Ortsteil Gaisbach selbstständig. Die »Grimmelshausengaststätte« *Zum Silbernen Stern* gibt es bis heute. In dieser Zeit begann der Gelnhausener wahrscheinlich mit dem Schreiben – nicht nur die zahlreichen Wirtshausszenen in seinen Büchern deuten darauf hin.

Schließlich stieg Grimmelshausen 1667 sogar zum Bürgermeister im Nachbarstädtchen Renchen auf. Während der Krieg wieder aufflammte und französische Truppen die Gemeinde heimsuchten, ließ der frisch ernannte Schultheiß nicht von seiner neuen Lieblingsbeschäftigung ab: dem Schreiben. Alle seine Werke erschienen in dieser letzten Phase seines Lebens – fast immer veröffentlichte er sie unter Pseudonym. Im Grimmelshausenmuseum findet sich eine Kopie aus dem Renchener Kirchenbuch, das 1676 vom Tod des originellen Erzählers berichtet. Er sei »ein Mann von großem Ingenium und von gelehrter Bildung, Bürgermeister dieses Ortes« gewesen.

Grimmelshausen beflügelt die Fantasie

Simplicissimus-Haus in Renchen

Ein grinsendes Monster mit Hörnern, Eselsohren, Flügeln und Ziegenbein bewacht den Eingang zum Renchener Simplicissimus-Haus. Die Skulptur gleicht dem Wesen, das Hans Jakob Christoffel von Grimmelshausen (1622–1676) als Titelkupfer seinem Schelmenroman *Der abentheuerliche Simplicissimus* voranstellte. Der Barockautor, der von 1667 bis zu seinem Tod Bürgermeister in Renchen war, schilderte seine kriegerische Epoche ungeschminkt und sprühte gleichzeitig vor Humor und Ideen. Wie sich bildende Künstler im 20. Jahrhundert von dieser überbordenden Fantasie anstecken ließen, zeigt das rezeptionsgeschichtliche Museum. Es beherbergt illustrierte Buchausgaben und mehr als 250 originale Zeichnungen, Gemälde, Drucke und Skulpturen.

Im *Simplicissimus*-Roman von 1668, in dem ein einfältiger Held in den Wirren des Dreißigjährigen Krieges wahnwitzige Abenteuer erlebt, sparte der ehemalige Soldat Grimmelshausen nicht mit Derbem und Drastischem. Da wird schon mal ein »Kopf zerschmettert und das Hirn zerspritzt«. Entsprechend brutal geht es auf den Kunstwerken zu. Ein Säbel durchsticht ein Buch, das Blut tropft heraus: So stellte es 1945 der Schweizer Max Hunziker in einer Handätzung dar. Die Lithografie von A. Paul Weber (1893–1980) zeigt eine eher galante Szene aus dem Leben des Einfältigen: Drei maskierte Schöne verführen ihn in Paris. Im Holzschnitt des New Yorkers Fritz Eichenberg von 1981 taucht Simplicissimus mit Wasserwesen in den Mummelsee ab.

Als Folgeroman zum Simplicissimus schrieb Grimmelshausen die Geschichte von der *Erzbetrügerin und Landstörtzerin Courasche*, die sich als Landstreicherin und Hure im Krieg durchschlägt. Sie regte zu erotischen Darstellungen an, wie dem Aquarell des 1919 geborenen Claus Arnold: Herausfordernd blickt die Femme fatale den Betrachter an. Bertolt Brecht, dessen Großeltern im nahen Schwarzwalddorf Achern lebten, verewigte die Erzbetrügerin 1938 in seinem Stück *Mutter Courage und ihre Kinder.*

Auch Grimmelshausens weiteren Romanen, die sich um den unglücklichen Tierstimmenimitator Springinsfeldt oder ein verzaubertes Vogelnest drehen, sowie seinem *Ewig-währenden Calender* sind Bildnisse gewidmet. In Wechselausstellungen zeigt das Museum, wie Grimmelshausen die Kreativen bis heute beflügelt.

Von Nixen und Goldstücken

Mummelsee bei Seebach

Auf 1.031 Metern Höhe ruht der verwunschene Mummelsee zwischen den Tannen des Schwarzwaldes. »Lacus mirabilis«, Wundersee, nannten ihn die Menschen schon im Mittelalter und erzählten sich Legenden über ihn. Der 240 Meter lange, 192 Meter breite und bis zu 18 Meter tiefe Karsee unterhalb des Berggipfels Hornisgrinde erhielt seinen Namen von den »Mummeln«, den Seerosen oder Nixblumen.

Die Sage berichtet von Nixen, die nachts auf der Wasseroberfläche im Reigen tanzen – bis Schlag ein Uhr. Dann ruft sie der Seekönig in die Tiefe zurück. Eine solche Nymphe steht heute als Bronzeskulptur auf einer Landzunge. Laut einer Tafel hat sie der Mummelsee-König auserwählt, um den Menschen Gutes zu vermitteln, Wünsche anzunehmen, Mitgefühl und Herzenswärme zu stärken. Die Tafel zitiert das Hohelied der Bibel, eine der größten literarischen Liebeserklärungen an die Liebe selbst.

Den Weg um den See säumen moderne Kunstwerke, die auf die Sagenwelt Bezug nehmen. Am Ostufer baumeln Steinbrocken in runden Metallkäfigen von Bäumen herab. Werde ein Stein in den Mummelsee geworfen, so breche ein Unwetter los, hieß es einst. Sogar der große Barockgelehrte und Jesuitenpater Athanasius Kircher (1602–1680) erwähnte dieses Phänomen 1678 in seinem geographischen Werk *Mundus Subterraneus*.

Hans Jakob Christoffel von Grimmelshausen (1622–1676) ging noch weiter: Der Titelheld seines *Simplicissimus*-Romans wirft gleich 30 große Steine ins Wasser, worauf sich nicht nur der Himmel verdüstert, sondern auch froschartige Wassermännlein auftauchen. Mit diesen gleitet Simplicius durch den See ins Erdinnere hinab und findet dort friedliches Zusammenleben vor. Ein Gedenkstein würdigt den Fabulierer Grimmelshausen als »vortrefflichen Schilderer des Mummelsees«.

Eine Tafel erzählt vom heimlichen Beobachter, der in Eduard Mörikes Ballade *Die Geister am Mummelsee* von 1829 ein mitternächtliches Begräbnis der Wasserwesen mitverfolgt. Der unglückliche Jäger aus einer anderen Sage kauert in Holz geschnitzt am Nordufer: Er wollte in dieser Gegend auf ein wundersames Männlein mit Goldstücken schießen und wurde von diesem verflucht. Es gibt viel zu entdecken: Ein Spaziergang am Mummelsee ist ein Gang durch das Reich der Geschichten.

einrich Hansjak
Kirchenkritiker
Der
Volksschrifts
Freiheitsmann
Sozialk

Widerspruchsgeist im Priesterrock

Hansjakob-Museum in Haslach

Auf einer Art beleuchteter Litfaßsäule im Haslacher Museum im Freihof ist Heinrich Hansjakob (1837–1916) in seiner Soutane abgebildet. Die Säule dreht sich. So kommen verschiedene Schlagworte zum Vorschein, die Badens meistgelesenen Heimatautor charakterisieren: »Volksschriftsteller«, steht da, »Landtagsabgeordneter«, »Rebell im Priesterrock«, »Kirchenkritiker«, »Demokrat«, »Querdenker, »Freiheitsmann«, »Pazifist und »Sozialkritiker«. Aber auch »Antisemit«, »Frauenfeind« und »Mann der Widersprüche«.

Das Museum bietet Gelegenheit, den Schwarzwald-Chronisten kennenzulernen: Die Schattenseiten spart es nicht aus. Das Anwesen im Stil eines Schwarzwaldhauses, das die Ausstellung beheimatet, hatte sich Heinrich Hansjakob als 76-Jähriger in seinem Geburtsort errichten lassen. Nur drei Jahre lang lebte er dort bis zu seinem Tod. An der Fassade fallen Holztafeln im Giebel ins Auge. Sie zeigen Pflanzen, die auf Werke des einstigen Hausherren anspielen: die Blüten des Schneeballstrauchs auf den Erzählungszyklus *Drei Schneeballen*, die Kirschen für den Geschichtenband *Wilde Kirschen*, die Sonnenblume für die Reiseerinnerungen *Sonnige Tage*.

Im Gebäudeinneren gewähren Habseligkeiten, Schautafeln und Audiostationen Einblick in das Leben des Autors. Die beste Möglichkeit, das Haus zu erkunden, sind die Führungen, die engagierte Haslacher anbieten – stilecht gewandet, wie vor mehr als 100 Jahren zu Lebzeiten des Dichters. Zum Beispiel Gilia Skop, die gekleidet ist wie die lebenslange Verehrerin und reiche Mäzenin Hansjakobs, Maria Hamminger aus Regensburg. »Der war halt ein echter Haslacher«, sagt Skop über den Heimatschriftsteller. Will heißen: Er hatte seine Fehler, war aber niemals langweilig.

Sie berichtet, dass der Haslacher Bäckersohn Zeuge wurde, wie preußische Soldaten brutal die badische Revolution niederschlugen. Das war nicht recht, ging es dem damals Zwölfjährigen durch den Kopf. Das Erlebte prägte ihn ein Leben lang. Später ging er selten ohne seinen breitkrempigen Hut aus dem Haus – genauso einen, wie ihn der badische Freiheitskämpfer Friedrich Hecker besessen hatte. In einer Vitrine können Besucher diesen Hut bestaunen, den Hansjakob stets zu seiner Soutane trug. Denn trotz Bedenken – vor allem gegen das Zölibat – entschied er sich früh für eine Laufbahn als katholischer Priester. Nur so, das wusste der

Historische Führung im Hansjakob-Museum mit Gilia Skop (links)

Junge aus armen Verhältnissen, konnte er auf eine höhere Schule gehen.

Hansjakob besuchte das Lyceum in Rastatt, studierte in Freiburg und Sankt Peter auf dem Schwarzwald. Nach seiner Priesterweihe wirkte er ab 1864 als Lehramtspraktikant in Donaueschingen, ehe er 1865 als Schulvorstand nach Waldshut beordert wurde. Hier kam seine sozialkritische Seite zum Vorschein. Er verfasste eine Streitschrift über die sogenannten Salpetererunruhen, in denen er für die aufständischen Bauern im südbadischen Hotzenwald eintrat. Mit Worten und Schriften zog er nun mehr und mehr gegen Kapitalismus und für ein christliches Sozialwesen zu Felde. Laut Überlieferung wetterte er einmal sogar gegen das »renditesüchtige Mistbürgertum«. Kein Wunder, dass ihn Kirche und badischer Staat bald als politischen Agitator ausmachten und ihn aus dem Schuldienst warfen. Sogar eine vierwöchige Haftstrafe im Rastatter Gefängnis musste er als potenzieller Aufwiegler absitzen. Schließlich versetzten ihn seine Dienstherren nach Hagnau am Bodensee, wo er von Ende 1869 bis 1883 als Pfarrer wirkte. Als umtriebiger Gemeindehirte führte er dort Wasserkuren im Stil des Sebastian Kneipp ein und gründete die erste Winzergenossenschaft im Ort.

Einerseits empfand Hansjakob tiefe Religiosität, andererseits ging ihm die Kirche als Institution gegen den Strich. Von dieser Abneigung zeugt in einer Nische des Museums die Frauenbüste Roma, die der Dichter anfertigen ließ. Diese Roma sei blind, taub und stumm, erklärte der Geistliche seinen Gästen, und damit gleiche sie der Kirche: Jene erkenne Probleme der Zeit nicht, höre nicht auf Kritiker und rede nicht über Missstände. Von 1871 bis 1881 vertrat der Pfarrer die katholische Volkspartei im badischen Landtag in Karlsruhe. Die Beleidigung eines Staatsbeamten brachte ihm 1873 weitere sechs Wochen im Gefängnis Radolfzell ein. 1884 wechselte er als Pfarrer von Hagnau an die Freiburger Martinskirche.

Gleichzeitig schrieb Hansjakob unermüdlich. Er produzierte Zeile um Zeile, Tag und Nacht, bis zur körperlichen Erschöpfung. 74 Bücher mit insgesamt 20.000 Druckseiten veröffentlichte er im Lauf seines Lebens. Was ihm begegnete, wurde literarisch verwertet: Über seine frühen Jahre schrieb er *Aus meiner Jugendzeit* und *Aus meiner Studienzeit*, seine Haft verarbeitete er in *Auf der Festung*. Seine Reiseerinnerungen aus Frankreich, Italien, Belgien und den Niederlanden wurden postwendend zu Bestsellern. Vor allem aber porträtierte der Dichter in Romanen, Erzählungen und Sachtexten den Schwarzwald, seine einfachen Bauern, Handwerker, Bürger und Händler, ihre Bräuche, Traditionen, Feiern und Sagen. Der Hansjakob-Verlag der Stadt Haslach legt diese Werke bis heute auf, die auch Heimathistorikern als Quelle dienen.

Doch auch die Abgründe und dunklen Seiten des Autors sind in dem Museum einen Blick wert und Thema im Museum. Heute ist schwer nachvollziehbar, was ihn zu einem derart wütenden Antisemiten machte. In mehreren Schriften stachelt er offen zum Hass gegen Juden auf, denen er vorwarf, sie betrieben Wucher und kontrollierten Finanz- und Literaturwelt. Dem Menschen Hansjakob kreideten Zeitgenossen zudem an, er schreibe und politisiere lieber, während sich Kapläne um die Pfarrgemeinde kümmern müssten. Seine Angestellten klagten über Schikanen. Wenig bis nichts hielt er von der Emanzipation der Frauen: Sie, so schrieb er, sollten von der Universität »an die Waschzuber« und zu ihren Kindern zurückkehren. Apropos Kinder: Mindestens vier zeugte der katholische Priester im Lauf seines Lebens mit verschiedenen Frauen. Eine soll ihn jahrelang erpresst haben.

Seinen Heimatort Haslach erkor sich der Autor schließlich zum Alterruhesitz aus. Nachdem seine Villa im Schwarzwaldstil mit allem Komfort und eigener Hauskapelle fertiggestellt war, bezog er sie gemeinsam mit seiner Schwester und lebenslangen Haushälterin Philippine. Das Bett neben dem Kachelofen, in dem Hansjakob starb, gehört zum Inventar des heutigen Museums. Bestattet wurde er in einer Grabkapelle, die er sich am Waldrand beim Haslacher Ortsteil Hofstetten noch zu Lebzeiten hatte erbauen lassen. Das Gebäude erbte Philippine – heute gehört es der Stadt, die es als Museum betreibt.

Freiburg und südlicher Schwarzwald

Universität Freiburg

Herzlich willkomm
Inter
13. bis 1
ΣΤΟΤΕΛΗΣ

Reflexionen
Universitätsbibliothek Freiburg

Ein Blick auf die Glasfassade der Universitätsbibliothek genügt, um zu erkennen, in welcher Stadt wir uns befinden. Das neobarocke Theater spiegelt sich darin, das Kollegiengebäude I. in rot leuchtendem Sandstein und Hunderte Fahrräder – unverkennbar: Freiburg. Das gezackt geformte Gebäude, das manche mit einem geschliffenen Diamanten vergleichen, ist seit seiner Eröffnung 2015 Anlaufpunkt von Tausenden Nutzern täglich.

Das Bauwerk des Architekten Heinrich Degelo hatte einen funktionalen Komplex aus den 70er-Jahren abgelöst. Seit der Gründung der Freiburger Universität im Jahr 1457 war die Bibliothek mehrmals innerhalb der Stadt von Gebäude zu Gebäude gezogen. Heute beherbergt sie 3,5 Millionen Medien, darunter fast 4.000 Handschriften und Autographen, 3.500 Inkunabeln aus der Frühdruckzeit vor dem Jahr 1500 und 147 Papyrusfragmente, die in Glasplatten gefasst sind. Vieles haben Freiburger Gelehrte zusammengetragen, wie Leonhard Hug (1765–1846), Theologieprofessor und Sammler orientalischer Skripte. Anderes kam Anfang des 19. Jahrhunderts aus aufgehobenen Klöstern hinzu. Ein großer Teil der historischen Bestände ist inzwischen digitalisiert und im Internet abrufbar.

Besondere Stücke präsentiert die Institution regelmäßig im Original im Foyer hinter den großen Drehtüren. Dort befinden sich auch das Café *Libresso* und der Zugang zu beiden Bibliotheksbereichen – einem stillen und einem eher geschäftigen. Ruhe herrscht in den Lesesälen, die die Nordseite des Baus belegen. Hier eröffnet sich eine Aussicht auf Schwarzwald, Vogesen und Teile der Altstadt. Im ersten Untergeschoss findet sich die Ausleihe mit rund 700.000 Bänden in langen Regalreihen, an denen sich die Nutzer bis in die Nachtstunden selbst bedienen können. Noch tiefer schlummern Millionen weiterer Bücher in den Magazinen.

Der betriebsame südliche Teil des Bibliotheksgebäudes heißt Parlatorium – von mittellateinisch »parabolare« für Sprechen. Mit Blick auf den Platz der Alten Synagoge können in diesem Trakt Gruppen arbeiten und sich dafür in kleine, abgetrennte Sitzinseln zurückziehen.

25

Studiertes und Skurriles

Uniseum Freiburg

In mehr als 560 Jahren sammeln sich eine Menge Bücher und Gerätschaften, vor allem aber Wissen und Geschichten an. Deshalb hat die traditionsreiche Freiburger Albert-Ludwigs-Universität ihr eigenes Museum: das Uniseum. Einige ihrer 25.000 Studierenden betreuen die Schau im ehemaligen Jesuitenkolleg. Konzipiert ist das Uniseum als ein Gang durch die Historie und die Disziplinen. Es vermittelt Fakten auf unterhaltsame Art.

Im Kellergewölbe erhalten Besucher Einblick in den Alltag an der Universität kurz nach ihrer Gründung 1457 durch den österreichischen Erzherzog Albrecht VI., den Landesherrn in Freiburg. Enge Hörsaalbänke stehen inmitten überdimensionaler, beleuchteter Buchseiten: Sie stammen aus dem Statutenwerk Johannes Kerers von Wertheim aus dem Jahr 1497, das Studenten unter anderem verbot, schlüpfrige Lieder zu singen.

Im »Kabinett des Staunens« haben die Museumsmacher Rares und Skurriles aus den Magazinen der Hochschule drapiert. Napoleons Totenmaske, ein Schildkrötenpanzer und eine Vielflächen-Sonnenuhr ziehen in dieser verdunkelten Kammer die Blicke auf sich. Makaber erscheint die Sammlung von Moulagen – Wachsnachbildungen menschlicher Körperteile, die einst angefertigt wurden, um Hautkrankheiten darzustellen. Eine Ratespiel-Wand zum Umklappen zeigt, wer in Freiburg welchen Studiengang belegte: Der Schriftsteller Alfred Döblin paukte Medizin, die Philosophin Edith Stein, die in der Nazizeit zur Märtyrerin werden sollte, war im Fach Germanistik eingeschrieben. Die Abteilungen erzählen von humanistischen Gelehrten, die den Studenten das Altertum nahebrachten, Jesuiten, die lange Zeit Theologie und Philosophie prägten, und Professorenkoryphäen wie dem Chemiker Walter Eucken und dem Philosophen Edmund Husserl.

Thematisiert wird auch der Nationalsozialismus, als die Universität jüdische Akademiker wie die Kinderärztin Else Liefmann entließ und der Philosoph Martin Heidegger in seiner umstrittenen Antrittsrede 1933 die Nähe zu den Nazis suchte. Dass Freiburg während der späten 1960er-Jahre eine Hochburg der Studentenunruhen war, illustrieren Flugblätter und eine Originalaudioaufnahme: »Hier spricht die Polizei«, ist zu hören. »Diese Demonstration ist nicht genehmigt. Bitte räumen Sie sofort den Platz!«

LITE
RATUR
HAUS
FREI
BURG

Wörter im Angebot

Literaturhaus Freiburg

Literatur ist vielfältig, jung, kreativ, mutig, kann überraschen, bereichern und mitreißen: Wer sich davon überzeugen möchte, sollte ins Ende 2017 eröffnete Freiburger Literaturhaus kommen. Die Einrichtung logiert im ältesten Gebäude der Freiburger Universität.

Geschichtsträchtig sind auch die beiden uralten Bäume – eine Platane und eine Linde – im Innenhof. Freiheitsliebende Studenten hatten sie im Revolutionsjahr 1848 gepflanzt. Drinnen im Saal können bis zu 150 Besucher Lesungen, Vorträge oder Poetry Slams erleben. Das gesamte Jahr treten bekannte Autoren hier vor das Publikum. Gleich zur Eröffnung gab die Schweizer Schriftstellerin Dorothee Elmiger mit ihrem Text *Einladung an die Waghalsigen* ein passendes Motto für das Literaturhaus vor. In den folgenden Monaten kamen unter anderem Bernhard Schlink, Uwe Timm, Felicitas Hoppe, Daniel Kehlmann und Colson Whitehead. Auch Freiburger Lokalmatadoren und Newcomer gewähren regelmäßig Einblicke in ihre Werke. Voll besetzt war der Raum Ende 2017, als die Freiburger Fußballtrainer-Legende Christian Streich über seine Liebe zu Büchern sprach.

Träger des Freiburger Literaturhauses – und das ist eine Besonderheit – sind Schriftsteller und Übersetzer, die sich im *Verein Literatur Forum Südwest* zusammengeschlossen haben. Autoren kommen im Haus jeden Monat zum offenen Werkstattgespräch zusammen und stellen ihre literarischen Texte zur Diskussion. Das Literaturhaus veranstaltet zudem Workshops auf der hauseigenen japanischen Siebdruck-Presse, lädt zu Buchausstellungen, organisiert Autorenlesungen in Studenten-WGs und fertigt zum jährlichen *Freiburger Literaturgespräch* einen hochwertigen Flyer mit Gegenwartslyrik.

Eine Menge bietet das Team für Kinder und Jugendliche: neben Vorlesenachmittagen auch richtige Konferenzen. Bei einer von diesen diskutierten 40 Schüler mit Studierenden der Universität, ob es »Jungs- und Mädchenbücher« gibt. Wenn es in Freiburg heiß wird, kommt das Literaturhaus auch direkt ins Freibad: mit dem eigens gebauten Lastenfahrrad »Freileser«, das eine tolle Auswahl Comics, Bilderbücher und Gedichtbände zum Schmökern auf dem Handtuch mitbringt.

Nelson Mandela
Briefe
aus dem
Gefängnis

Literaturreich mit Charme

Buchhandlung zum Wetzstein in Freiburg

Die Freiburger Buchhandlung zum Wetzstein hat etwas von einer Luxusherberge. Die Gäste, denen zwischen dunklen Holzvertäfelungen, Kronleuchtern, Büsten und Gemälden ein exquisites Ambiente geboten wird, sind die Bücher selbst. Dafür allerdings haben nur besonders gute und besonders schöne Werke Zutritt – am besten solche, die beide Qualitäten vereinen. Das war schon immer die Devise des 2014 verstorbenen Geschäftsinhabers Thomas Bader und seiner Frau Susanne, die das Geschäft heute führt.

Wer die Bände in ihren stilvollen, in die Wand eingelassenen Regalen betrachtet, versteht, warum der Laden immer wieder zu den schönsten Buchhandlungen Deutschlands gezählt wird. In dem 1460 erbauten Haus zum Wetzstein finden sich in verwinkelten Gängen komplette Reihen literarischer Klassiker und philosophischer Werke – oft als Vorzugsausgaben in Leder gebunden. Literarischem, Rarem und Bibliophilem ist auch der Antiquariatsbereich gewidmet. Erstausgaben von Thomas Mann, eine Postkarte des Schriftstellers Thomas Bernhard, Briefe des Literaten Heinrich Mann, des Philosophen Martin Heidegger, der Dichterin Ingeborg Bachmann, aber auch des Preußenkönigs Friedrichs des Großen warten auf Bewunderer. Zu Gedichtbänden und Romanen haben sich kalligraphische Kunstwerke und Zeichnungen gesellt. Der Freiburger Schriftsteller und bildende Künstler Christoph Meckel steuerte Grafiken bei, die er eigens für die Buchhandlung zum Wetzstein schuf.

Er gehört genauso zu den Freunden des Hauses wie Literaturwissenschaftler Thomas Sparr, Kritiker Volker Weidermann, die Philosophen Rainer Marten und Rüdiger Safranski oder die Autoren Arnold Stadler und Robert Seethaler. Sie alle schauen gerne zum Stöbern vorbei oder halten Lesungen, manchmal mit Musikbegleitung. So wundert es nicht, dass ein komplettes Regal neben der Kasse mit signierten Werken dieser und vieler weiterer Autoren belegt ist. Dort liegt auch der Wetzsteinbrief aus, in dem Susanne Bader regelmäßig über aktuelle Themen aus Kultur und Politik sowie Neuerscheinungen informiert.

Wer auf der Straße den Schriftzug Wetzstein auf der Markise liest, sollte den Büchern im Inneren einen Besuch abstatten: Dieses Luxusreich ist offen für alle Leselustigen.

Buchhandlung
– Eine der schönsten B
FREIBURG
Friburgo

28

Für Lesereisende

Park-Hotel Post in Freiburg

Hotels sind literarische Orte. Kommen und gehen, fremd sein, flüchtige Blicke auf andere Reisende werfen, unverhofften Menschen begegnen, mit Unbekannten unter einem Dach schlafen – die besondere Atmosphäre hat Schriftsteller seit jeher fasziniert. Im Park-Hotel Post am Freiburger Colombipark ist Literatur sogar Programm. Schon die Rezeptionstheke sieht dank Trompe-l'œil-Gestaltung auf den ersten Blick wie ein Bücherregal aus. An der Wand daneben reihen sich Hunderte echter Druckwerke aneinander. Sie alle sind signiert von Autorinnen und Autoren, die zu Gast waren.

Zu ihnen gehörte auch schon der deutsch-syrische Geschichtenerzähler Rafik Schami. Er hat das Freiburger Hotel sogar in seinem Band *Eine deutsche Leidenschaft namens Nudelsalat* verewigt. Er lobt das himmlische Lächeln, mit dem Gäste empfangen werden – eine Selbstverständlichkeit für die Betreiberinnen Kerstin Bassenge und Conny Ehret. Aber nicht nur das: Sie möchten eine inspirierende Atmosphäre der Kultur und Literatur schaffen. In dem Stadtpalais mit Eckturm, das 1867 als Wohnhaus erbaut, 1904 zum Hotel umgestaltet und ab 1981 von Kerstin Bassenges Eltern geführt wurde, setzten sie 2013 ihre Idee um. Den Anstoß gaben die zahllosen signierten Ausgaben und Gästebucheinträge von Autoren, die auf ihren Lesereisen hier im Zentrum Freiburgs Station machten.

Im Flur jeder Etage wartet ein Bücherturm, wo Lesestoff ausgeliehen und getauscht werden darf. Die Besonderheit sind die 45 individuell arrangierten Zimmer, von denen 42 einen literarischen Paten besitzen. Die Tür ist wie ein Buchcover gestaltet. Im Inneren der persönlich eingerichteten Räume liegen die Werke des jeweiligen Paten zur Lektüre bereit, ein kalligraphiertes Gedicht oder Zitat und passende Gemälde oder Fotos zieren die Wände. Natürlich widmet sich ein Raum dem Erzähler Rafik Schami, einer dem Krimischriftsteller Oliver Bottini, einer dem Kinderbucherfinder Paul Maar, einer dem Literaturnobelpreisträger Günter Grass. Im obersten Stockwerk finden sich die Räume zu den Bergsteigerautoren Reinhold Messner und Hans Kammerlander.

Drei Zimmer sind künstlerisch, aber neutral gehalten. Dort, so verraten die Hotelbesitzerinnen, logieren Autoren selbst gerne.

Die Inhaberinnen des Hotels Post in Freiburg: Conny Ehret (links) und Kerstin Bassenge

Pssst! Geheim!

Deutsches Tagebucharchiv in Emmendingen

Wer kennt unsere peinlichsten Geheimisse, hat von unseren schlimmsten Erlebnissen erfahren und weiß, in wen wir heimlich verliebt sind? Das Tagebuch. 20.000 dieser Hefte, Kladden, Blöcke oder Notizzettel, denen Menschen Alltagserlebnisse und Träume anvertraut haben, lagern im Alten Rathaus von Emmendingen. Das Deutsche Tagebucharchiv – einmalig in seiner Art – bewahrt die persönlichen Dokumente auf und macht sie für alle zugänglich, die mehr über Geschichte, Kultur, Heimat und Familie wissen möchten.

Die Gründerin der Einrichtung, Frauke von Troschke, hatte die Idee in den 1990er-Jahren aus Italien mitgebracht. Dort existiert seit 1984 ein Nationales Tagebucharchiv. Per Zeitungsannoncen rief sie auf, Journale nach Emmendingen zu schicken. Sie trafen paketweise ein, durch Haushaltsauflösungen und Erbschaften wuchsen die Bestände weiter.

Die ältesten Dokumente, zu denen auch Briefe gehören, stammen aus dem 18. Jahrhundert. Rund 100 Ehrenamtliche halten das Archiv am Laufen, das von einem Verein getragen wird. Sie sortieren und erschließen die Texte, einige müssen transkribiert werden, alle werden in Datenbanken verzeichnet. In dieser können Studenten, Forscher, Journalisten und andere Interessierte auch online nach Themen, Alter der Autoren, Ort und Zeit der Niederschrift recherchieren.

Sie tauchen in fremde Leben ein und erfahren zum Beispiel vom 17-jährigen Emil, der um 1845 seine Kaufmannslehre in Berlin verflucht: »Was hilft mir ein Beruf, dem ich zwar mit Ehre vorstehen kann, der mich aber immer öde, leer und unglücklich macht«, schreibt er. Oder vom entsetzlichen Schicksal des 15-jährigen Otmar, der 1945 einen Bombenangriff erlebt: Minutiös beschreibt er das Heulen der Sirenen, das Krachen der Detonationen und die verzweifelte Suche nach dem Vater, der unter Mauerbrocken verschüttet liegt. Schließlich die Gewissheit: Der Vater ist tot.

Akribische Alltagsnotizen oder tiefe Seelenblicke, Notizen in Schönschrift oder Klaue, parfümierte Lederbände mit Goldschnitt oder lose Kalenderblätter: So vielfältig wie ihre mehr als 4.000 Verfasser sind die aufbewahrten Tagebücher. Ausgewählte Stücke sind im kleinen Museumsbereich des Archivs zu sehen, das auch Führungen und regelmäßig Lesungen aus den Journalen anbietet.

Jostein Gaarder
Sofies Welt
Roman über die Geschichte der Philosophie
SAKURA

Lese am Kaiserstuhl

Endinger Büchermarkt

Endingen am Kaiserstuhl ist Badens Büchermetropole – zumindest an einem Tag im Jahr, dem Freitag nach Christi Himmelfahrt. Dann fährt kein Auto durch das historische »Städtli«. Die ehemals österreichisch-habsburgische Landstadt inmitten von Weinbergen gehört ganz dem Endinger Büchermarkt.

Auf Hauptstraße, Marktplatz, Dielenmarktstraße, Ritterstraße und Kaplaneistraße haben Antiquare und Privatverkäufer ihre Tische aufgebaut und bieten Krimis, Klassiker, Reiseführer oder Kochbücher feil. Auch Schülergruppen, die Geld für die Klassenkasse verdienen möchten, verkaufen Comics, Detektivromane und ausgelesene Abenteuerschmöker. Wer Wertvolles und Seltenes sucht, könnte ebenfalls fündig werden. Im Jahr 2017 war eine Bibel aus dem 16. Jahrhundert zu haben, erzählt Organisator Wolfgang Koch und fügt hinzu: »Für Kenner gibt es immer etwas zu entdecken.«

Der Buchbindermeister führt mit seiner Frau Claudia in vierter Generation einen Buchladen in der Endinger Hauptstraße und sammelt selbst leidenschaftlich Gedrucktes. Anlässlich des 150-jährigen Bestehens seines Geschäfts organisierte er zu einer Gewerbeschau einen kleinen Markt für gebrauchten Lesestoff. Er wiederholte die Aktion, und das sprach sich bei Literaturfreunden herum: in Baden-Württemberg, dem Elsass und der Schweiz, schließlich immer weiter. Heute ist der Endinger Büchermarkt eine der größten Open-Air-Börsen für gebrauchte Druckwerke in ganz Deutschland. Bis zu 15.000 Besucher flanieren durch die Gassen, in denen mehr als 200 Verkäufer ihr Sortiment aufgebaut haben.

Sie bieten neben Literatur CDs, Schallplatten und Schellack-Preziosen an, darunter Preiswertes, Vergriffenes und Nostalgisches. Koch erinnert sich an einen Endinger Ofensetzermeister, der auf dem Markt dasselbe Werkbuch wiederentdeckte, das er als Kind besessen hatte. »Der hatte Tränen in den Augen.« Koch, der sich selbst »Umtreiber« nennt und im Stadtmarketing aktiv ist, konnte die Stadt und den Gewerbe- und Handelsverein als Veranstalter mit ins Boot holen. Rund 20 Helfer kümmern sich um den reibungslosen Ablauf. Livemusik und Kulinarisches vom Kaiserstuhl runden das Bucherlebnis ab.

Abt Speckle und die Bücherräuber

Ehemaliges Kloster St. Peter auf dem Schwarzwald

Ignaz Speckle muss den Tränen nahe gewesen sein. Der letzte Abt des Klosters St. Peter auf dem Schwarzwald sah mit an, wie Bedienstete der badischen Kommission unermessliche Bücherschätze aus den Regalen rissen, in Kisten packten und in Pferdekarren abtransportierten. Die Abtei war 1806 nach mehr als 700-jähriger Geschichte im Namen der Säkularisation aufgelöst worden. Die Literatursammlung des Klosters sollte zum größten Teil in den Besitz des Großherzogs in Karlsruhe gelangen. »Halb betäubt, war mir Herz und Kopf voll und leer«, notierte Speckle in sein Tagebuch. An dem, was übrig blieb, bediente sich die Universität Freiburg. »Nun siehet die Bibliothek einem ausgeraubten Hause ähnlich. Der Saal ist schön, aber an guten Büchern leer.«

Wer die Bibliothek heute im Rahmen einer Klosterführung besucht, staunt allerdings nicht nur über den prachtvollen Rokokosaal mit seinen Gewölben und Stuckverzierungen, den Balkonen mit Brüstungen aus Marmor, den Statuen und Deckengemälden. Auch die zahllosen Werke beeindrucken, die die Regale in den Nischen füllen. Der Bestand wurde von 1842 bis 2006 angelegt, als in St. Peter das Priesterseminar der Erzdiözese Freiburg beheimatet war. In den Bänden studierten die künftigen Pfarrer die Grundlagen der Theologie. Einer der Seminaristen war von 1862 bis 1863 der spätere Erfolgsautor Heinrich Hansjakob. Wie sein ganzes Leben hielt er die Station in St. Peter zwischen Buchdeckeln fest. Er habe sich schwer an die »klösterliche Einsamkeit« gewöhnt, von Spaziergängen »auf den Lindenberg, an den Fall des Zweribachs oder an die Grenzen des Glotterthales« sei er »nur ungern in die kalten, feuchten Klosterräume« zurückgekehrt, so Hansjakob.

Die Winter waren lang zwischen den Hängen des Hochschwarzwaldes: Im Norden ragt imposant ein 1.243 Meter hoher Gipfel auf. Kandel, der Leuchtende, heißt er und gilt als Berg der Kräfte. Seit Urzeiten ranken sich Sagen und Legenden um ihn. Die Abtei in seinem Schatten geht auf Herzog Berthold II. von Zähringen zurück, der in dieser weltabgewandten Gegend 1093 sein Hauskloster gründete. Das Herrschergeschlecht der Zähringer hatte sein Machtzentrum von der Schwäbischen Alb in Richtung Oberrhein verlegt. St. Peter, wo sich Benediktinermönche aus dem Kloster Hirsau ansiedelten, wurde zur Grablege der Adelsfamilie. Eine öffentliche Mediathek nicht weit vom ehemaligen Konvent

Kloster St. Peter auf dem Schwarzwald

informiert heute mit Filmen über die Zähringer, auf die auch das Haus Baden zurückgeht und die Städte wie Freiburg und Basel gründeten.

Das wirtschaftlich starke Kloster St. Peter überlebte seinen Gründer und bestand auch dann weiter, als 1218 mit Berthold V. der letzte Zähringer starb. Es gedieh über die Jahrhunderte, überstand Kriege, vier große Brände und verheerende Seuchen. Die heutige, barocke Anlage entstand im 18. Jahrhundert. Abt Ulrich Bürgi vergab die Planung an den Architekten Peter Thumb. Der Baumeister aus Vorarlberg hatte bereits an der berühmten Klosterbibliothek in St. Gallen mitgewirkt. Für St. Peter plante er die Abteikirche mit ihrer charakteristischen Fassade aus Rotsandstein, den beiden Türmen sowie den schneeweißen Heiligenstatuen, dem Goldschmuck und den prunkvollen Deckenbildern im Inneren. Die Mönche weihten sie 1727 ein.

Führungsteilnehmer bestaunen die Konventsgebäude, den Festsaal und das Treppenhaus, vor allem aber die prächtige zweistöckige Bibliothek, die ebenfalls Thumb entwarf. Ihr Bau begann unter Abt Bürgi. Vollendet wurde sie erst unter dem übernächsten Abt, Philipp Jakob Steyrer (1715–1795). Der helle, weite Saal war nur durch eine Tür von der Klausur aus zugänglich, dem abgeschlossenen Bereich der Mönche. Der Raum erinnert an die Abteikirche. Zu diesem Eindruck tragen insgesamt 33 große und kleine Bildnisse an der Decke, über den Bücherborden in der ersten Etage und an den Unterseiten der Emporen bei. Geschaffen wurden sie von den Malern Benedikt Gambs und

Franz Ludwig Herrmann. Zeigt das große Deckengemälde, wie das Licht der göttlichen Weisheit vom Heiligen Geist herab zu biblischen Gestalten, Evangelisten und gelehrten Mönchen dringt, so würdigen die meisten kleineren Darstellungen große Gestalten des Glaubens: unter ihnen Kirchenvater Augustinus, Ordensgründer Benedikt von Nursia, aber auch der Reichenauer Abt und Dichter Walahfrid Strabo sowie die beiden Äbte Bürgi und Speyrer. Jeder von ihnen ist in Gesellschaft eines Buches zu sehen. Weiße Statuen auf der Galerie stehen allegorisch für die Künste und Wissenschaften: Die Medizin, die ein Körbchen mit Heilkräutern trägt, ist ebenso abgebildet wie die Musik mit ihrer Harfe und die Poesie mit einer Theatermaske. Diese Figuren schnitzte Matthias Faller nach Entwürfen von Christian Wentzinger.

Abt Jakob Steyrer betätigte sich selbst als Autor. Von 1741 stammt sein historischer Bericht *Heylbringender Linden-Baum* über die Marienwallfahrt zu Lindenberg nahe St. Peter. Vor allem aber trat er als Büchersammler hervor. Er erwarb in seiner Amtszeit rund 200 mittelalterliche Handschriften. Als Schenkung erhielt er ein Pergament mit Predigten des Straßburger Dominikaners Johannes Tauler (1301–1361). Das kostbare Werk bewahrt heute die Universitätsbibliothek Freiburg auf. Während viele der alten Schätze aus St. Peter – so auch der aufwendig illustrierte Lebensbericht des mallorquinischen Philosophen Ramon Llull (1232–1316) – heute in der Badischen Landesbibliothek zu Karlsruhe lagern, konnte sich die Freiburger Hochschule nach der Klosteraufhebung 1806 den handgeschriebenen, vierbändigen Bibliothekskatalog der Abtei sichern. Angelegt wurde dieser in St. Peter wahrscheinlich von Bibliothekar Pater Konrad Bohrer (1723–1801), verziert von Schreiber Pater Maurus Schwörer (1713–1772). Er wurde bis 1774 geführt und zählte 14.000 Bände auf – am Ende der Klosterzeit dürften 20.000 Bände in St. Peter gelagert haben. Im Katalog strichen die Abgesandten der badischen Kommission die Handschriften und seltenen Drucke rot an, die sie in die Karlsruher Hofbibliothek transportierten. Die Freiburger Universität und andere Partner nahmen zwei Jahrhunderte später den Katalog zur Grundlage, um im Internet eine allen zugängliche virtuelle Bibliothek St. Peter mit Digitalisaten und vielfältigen Hintergrundinformationen aufzubauen.

St. Peter ist auch nach dem Ende des Priesterseminars, das 2006 nach Freiburg verlegt wurde, ein Ort der Sammlung und des Glaubens geblieben. Das Geistliche Zentrum der Erzdiözese bietet in dem Komplex Aus- und Weiterbildungskurse für Seelsorgepersonal an.

Todtnauberg

84

Geheimnis gelüftet

Klosterbibliothek Oberried

Eine geheime Kammer voller wertvoller Bücher verbarg sich fast 200 Jahre lang im Schwarzwalddorf Oberried. Hinter den massiven Mauern des ehemaligen Wilhelmitenklosters schlummerten 350 uralte Bände, ohne dass jemand von ihrer Existenz wusste. Erst in den 1990er-Jahren brachte ein portugiesischer Pfarrer den Schatz ans Licht der Öffentlichkeit. Dank eines rührigen Vereins ist die kleine Bibliothek heute ein magischer Ort für Bücherfreunde – und obendrein eine sorgsam gepflegte Spezialsammlung.

Schon im 13. Jahrhundert ließen sich die Wilhelmitenmönche im Dreisamtal nieder. Askese, Fasten und Schweigen bestimmten ihren strengen religiösen Alltag. Bücher nahmen sie kaum zur Hand – die Bibel und liturgische Werke ausgenommen. Ab 1507 verließen die Ordensbrüder das Tal nach und nach und verlagerten ihren Mittelpunkt in ihr Stadtkloster in Freiburg. Die Wirren des Dreißigjährigen Kriegs und die anschließende Eroberung Freiburgs durch französische Truppen veranlassten sie jedoch zur Rückkehr in den Wald. Im Jahr 1683 errichteten sie das heute noch erhaltene Kloster in Oberried. Allerdings befand sich der Wilhelmitenorden europaweit im Niedergang. Die sieben verbliebenen Mönche in dem verarmten Konvent Oberried baten darum, bei den Benediktinern aufgenommen zu werden, was der Papst 1725 absegnete. Fortan war Oberried ein Priorat des Benediktinerklosters St. Blasien. Die Abgeschiedenheit im Schatten des Feldbergs nutzten auch Patres und Brüder aus anderen Abteien, um in Ruhe Schriften zu studieren und zu verfassen. Nun häuften sich immer mehr gelehrsame Werke in den heiligen Mauern an.

Das Jahr 1806 bedeutete das Aus für das Kloster in Oberried. Wie andere Konvente im Land wurde es im Namen der Säkularisation aufgehoben, Gebäude und Besitzungen kassierte das Großherzogtum Baden ein. Überall im Land plünderten die weltlichen Herrscher Stiftsbibliotheken und verleibten sie ihren großen Büchersammlungen in Karlsruhe oder Stuttgart ein. Viele der Werke verkauften sie aber auch an Antiquare oder sogar an Lumpensammler, die das wertvolle Schriftgut einstampfen ließen.

Die Oberrieder, von denen zwei als Gemeindepfarrer am Ort blieben, schafften es allerdings, kostbare Bände vor diesem Schicksal zu bewahren. Offenbar hatten sie ein gutes Versteck gefunden: Als die sogenannten Besitznahmekommissionen vorbeigezogen waren, wanderten die Bücher ins Pfarrhaus, das sich noch heute im alten Klostergebäude befindet. Im Dorf wusste niemand von dem literarischen Schatz, den Generationen von Geistlichen in einem Hinterzimmer hüteten. Wahrscheinlich aus Angst, die Werke könnten nachträglich konfisziert werden, schwiegen sie.

Jürgen W. Müller vom Verein Freunde der Klosterbibliothek *mit einem wertvollen Kräuterbuch*

Erst in den 1980er-Jahren zog ein Pfarrer einen Buchrestaurator ins Vertrauen, der sich bereit erklärte, die Bände in aller Verschwiegenheit auf Karteikarten zu katalogisieren. Die Wende kam, als sein Nachfolger, der studierte Mathematiker und Theologe José Cabral aus Portugal, 1995 das Amt des Oberrieder Gemeindepfarrers antrat. Cabral, der bereits in seinem portugiesischen Priesterseminar als Buchbinder alte Schriften restauriert hatte, erkannte den Wert der Bibliothek, mit der er sogleich an die Öffentlichkeit ging. Zu ihrem Schutz ließ er zudem eine Panzertür und eine Alarmanlage montieren. Schließlich sollten die Bücher nicht letztendlich doch – aus Sicherheitsgründen – nach Freiburg oder an einen anderen fernen Ort abtransportiert werden. Sie blieben.

Heute präsentieren die Mitglieder des Vereins *Freunde der Klosterbibliothek* bei Ausstellungen und Führungen die kostbare Sammlung, die 1.500 Bände umfasst. 350 davon stammen noch aus der Benediktinerzeit, den Rest trugen die Oberrieder Geistlichen und der Verein selbst bei. Besucher staunen über fünf Inkunabeln aus der Frühdruckzeit vor 1500. Die älteste von ihnen ist eine Bibelausgabe des berühmten Nürnberger Druckers Anton Koberger von 1482. Vier Bände aus dem Geschichtswerk *Theatrum Europaeum* mit Kupferstichen von Matthäus Merian sind ebenfalls zu sehen. Aus dem Besitz des Oberrieder Gemeindepfarrers Arthur Schultheiß, der zeitweise als Nazi-Gegner inhaftiert worden war, stammt nationalsozialistische Literatur, die der Priester mit kritischen Randbemerkungen versehen hatte.

Durch Spenden und Mitgliedsbeiträge finanziert der Verein seine Mission: die Bibliothek am Leben zu halten und zu vervollständigen. Dafür kauft er Bücher und übergibt sie der Pfarrgemeinde, der die Sammlung gehört. Werke zu finden, die in den Bestand passen, betrachtet Vereinsvorsitzender Jürgen W. Müller als seine Berufung. Darum beobachtet er, welche Buchjuwelen auf Auktionen, in Antiquariaten und im Internet angeboten werden. »Ich bin ständig auf der Jagd«, sagt der bibliophile ehemalige Bundeswehroffizier.

Drei große Sammelschwerpunkte haben sich aus den vorhandenen Beständen ergeben. So fanden sich 50 Bände des Schweizer protestantischen Theologen Johann Kaspar Lavater (1747–1801). Pfarrer Cabral hatte sie 1995 in einem zugemauerten Hohlraum im Kreuzgang der Abtei entdeckt. Nach dem Bücherfund im Pfarrhaus hatte er die ganze Anlage systematisch nach weiteren Schätzen durchsucht. Heute beherbergt die Sammlung 140 Originalwerke Lavaters, darunter die seltene komplette Reihe der *Handbibliothek für Freunde*, aber auch eine Mappe mit Zeichnungen von Lavater, seiner Familie und seiner Freunde.

Ein Augenmerk hat der Verein zudem auf die Werke des Konstanzer Generalvikars, Theologen und Schriftstellers Ignaz Heinrich Karl Freiherr von Wesssenberg (1774–1860) gelegt. Von Wessenberg, der Gedichte und theoretische Werke über Theologie, Theater und Kunst verfasste und der Louis Napoleon Bonaparte, dem späteren Kaiser Napoleon III. (1852–1870), Deutschunterricht erteilte, waren bereits 40 Bücher im ursprünglichen Bestand vorhanden.

Am bedeutendsten ist wohl die dritte Säule der Bibliothek, die Sammlung von und über Martin Gerbert (1720–1793), Fürstabt von Sankt Blasien. Der Ordensmann verfasste Standardwerke über die Kirchenmusik, über Liturgie, aber auch über die Geschichte des Schwarzwaldes. Eine seltene musiktheoretische Schrift von ihm, *Scriptores Ecclesiastici de Musica Sacra*, konnte Jürgen W. Müller 2005 bei einer Auktion in New York im Original erstehen. Zusammengetragen wird aber nicht nur, was Gerbert schrieb, sondern auch, was er drucken ließ, wie *Die Geschichte der Habsburger an Münzen erklärt* von 1773. »Wir besitzen wahrscheinlich die größte Gerbert-Sammlung weltweit«, sagt Müller stolz.

Todtnauer Hütte
St. Wilhelmer Hütte
Feldberggipfel
2,2 km
5,0 km
6,0 km
Radschert
Todtnauberg
Muggenbrunn
Todtnau
0,5 km
2,0 km
3,5 km
6,0 km
-Rundweg-
Berger Höhe 3,3 km
Todtnauberg 5,7 km
Todtnau 8,1 km
Martin-
Heidegger-
Rundweg

Der Philosoph kommt zum Berg

Martin-Heidegger-Rundweg in Todtnauberg

Martin Heidegger gleiche dem »Schatzhauser im dunklen Tannenwald«, der Zaubergestalt aus Wilhelm Hauffs Schwarzwaldmärchen *Das kalte Herz*. Er sei ein Fallensteller und ein Bauer, der sich verwandeln könne. So beschrieb der Autor Ernst Jünger den Philosophen, den er in dessen karger Hütte bei Todtnauberg besucht hatte. Die Welt in 1.150 Metern Höhe, in der Heidegger Ruhe und Inspiration fand, kann heute auf einem sechs Kilometer langen beschilderten Rundwanderweg erkundet werden.

Ernst Jüngers Besuch fiel ins Jahr 1948, als Heideggers Flucht in den Hochschwarzwald eine erzwungene war. Seine Nähe zu den Nationalsozialisten hatte ihm nach dem Krieg ein Lehrverbot beschert. Heidegger machte sich Gedanken über die großen Fragen des Seins und schrieb sie in seiner typischen Mischung aus bodenständiger und hermetischer Sprache auf.

Schon in den Jahren zuvor, als Wissenschaftler an den Universitäten Marburg und Freiburg, hatte er zum Arbeiten die Abgeschiedenheit zwischen den Gipfeln Feldberg und Belchen gesucht. Sein 1927 erschienenes Hauptwerk *Sein und Zeit* verfasste er an diesem Ort, ebenso wie die 1938 publizierten *Beiträge zur Philosophie*. Auch seine Familie verbrachte den Großteil des Jahres auf der Hütte. Heideggers Frau Elfride hatte Todtnauberg im Skiurlaub kennengelernt und das Grundstück 1922 einem Bauern abgekauft. Ein Zimmermann errichtete die spartanische Holzhütte, die noch heute im Privatbesitz der Familie ist und daher nicht besichtigt werden kann.

Er lasse sich den Sturm um die Ohren pfeifen und brauche die Nähe zur Natur, schrieb Heidegger 1925 an seine Vertraute Hannah Arendt. Wie die Tafeln am Rundweg erzählen, lebte der Philosoph aber keineswegs als Einsiedler: Er traf die Dorfbewohner; die Studenten, die ihn besuchten, lehrte er Ski fahren. Der aufstrebende Philosoph Hans-Georg Gadamer musste ihm Holz sägen helfen. Zu Gast waren Physiker Werner Heisenberg und *Spiegel*-Herausgeber Rudolf Augstein, der den umstrittenen Denker interviewte. Auch der Dichter Paul Celan, dessen jüdische Eltern die Nazis ermordet hatten, besuchte den Philosophen 1967. Er verarbeitete das schwierige Treffen in seinem Gedicht *Todtnauberg*, in dem Befremden über den vermeintlichen Fallensteller Heidegger durchklingt.

HUCHEL UND KÄSTNER
IN STAUFEN

Freunde in der Fauststadt

Literarische Ausstellung im Stubenhaus Staufen

Es muss ein markerschütternder Krach gewesen sein, der nachts vom benachbarten Gasthaus *Zum Löwen* ins Staufener Stubenhaus hinüberschallte. Bald wusste die ganze Stadt vom seltsamen Dr. Faust, den der Löwen-Wirt am nächsten Morgen tot in seinem Fremdenzimmer Nummer 5 gefunden hatte – umweht von Schwefelgestank. War dem Alchemisten ein Experiment missglückt, als er für die Herren von Staufen Gold herstellen wollte? Oder hatte ihn der Teufel geholt? Die sagenhafte Begebenheit um Dr. Faust, die sich um 1539 in unmittelbarer Nähe zugetragen haben soll, ist auch in der literarischen Ausstellung im Staufener Stubenhaus präsent.

Eine Illustration in einem aufgeschlagenen Buch aus dem Jahr 1850 stellt Faust im Talar und den feisten Mephisto als Marionetten dar. Puppenspieler, Theaterdichter und Erzähler tragen seit Jahrhunderten die Legende um den Doktor und sein Bündnis mit dem Teufel weiter. Dass sie auch Musiker inspirierte, beweist eine ausgestellte Jazz-CD. Vor allem aber wird erläutert, wie sich zwei Wahlstaufener, der Lyriker Peter Huchel sowie der Essayist und Erzähler Erhart Kästner, mit dem Faust-Stoff beschäftigten. Den beiden Freunden und ihrem Wirken sind Exponate und Hörstationen gewidmet. Eine großformatige Fotografie beim Eingang zeigt sie Seite an Seite. Dabei erinnern die freundlichen Herren gar nicht an den vergeistigten Faust und seinen Kumpanen, den teuflischen Mephisto.

Der in Berlin lebende Peter Huchel, so ist zu erfahren, schuf 1934 das Hörspiel *Doktor Faustens Teufelspakt und Höllenfahrt*. Dieser Gelegenheitsproduktion sollten rund 30 weitere folgen, deren Ausstrahlung im Radio dem studierten Literaturwissenschaftler und Philosophen in der Zeit des Nationalsozialismus etwas Geld einbrachte. Nach Kriegsdienst und Gefangenschaft engagierte sich Huchel als Autor in der jungen DDR. Lange leitete er die literarische Zeitschrift *Sinn und Form* der Deutschen Akademie der Künste in Ost-Berlin. In diesem wegweisenden Journal ließ Huchel die Texte hochkarätiger Autoren – oft zum ersten Mal überhaupt – abdrucken. Ausgestellt ist unter anderem ein abgegriffenes Exemplar, das sechste Heft von 1952. Es enthält das Libretto der fragmentarischen Oper *Johann Faustus* von Hanns Eisler – Kritiker in der Partei warfen Huchel vor, jener Text verletze das marxistische Geschichtsbild. Weil sich der Herausgeber obendrein eine eigene Meinung leistete und sich für die Einheit der deutschen Literatur jenseits aller ideologischen Grenzen aussprach, war er den Behörden ein Dorn im Auge.

Zunächst konnte ihn die Unterstützung Bertolt Brechts, der in der DDR als Kulturfunktionär geachtet war, vor Repressalien bewahren. Doch nach dem Tod des Dramatikers 1956 traf Huchel die Wut des SED-Regimes. 1962 entließ ihn die Akademie, später erteilte ihm die Regierung Publikations- und Reiseverbot. Erst 1971 gestatteten die Funktionäre Huchel die Ausreise in den Westen. Nach kurzem Aufenthalt in Rom ließ er sich mit seiner Familie 1972 in Staufen nieder, wo er, von einem Mäzen finanziert, bis zu seinem Tod 1981 lebte.

Staufens faustische Vergangenheit faszinierte ihn, doch im Grunde sei ihm der Ort »zu schön, zu lieblich«, sagte Huchel. Manche Zeitgenossen beschrieben den Dichter als mürrischen Menschen. Wie sehr er seine Berliner und Brandenburger Heimat vermisste, verdeutlicht das Gedicht *Mein Großvater*, dessen handschriftlich korrigiertes Manuskript in einer Vitrine im Stubenhaus liegt. In Breisgau schrieb der Exilant über den »kalten märkischen Morgen«. In Staufen vollendete Huchel den viel beachteten Gedichtband *Die neunte Stunde*. Wie sein gesamtes lyrisches Werk prägen dieses düstere Altersstück die Begegnung mit der Natur und das verzweifelte Ringen, der Welt durch Sprache beizukommen.

Mit dem Peter-Huchel-Preis zeichnen seit 1983 das Land und der Südwestrundfunk jährlich am 3. April im Stubenhaus den besten Lyrikband des Jahres aus. Die Verleihung findet im Veranstal-

Faust-Fensterbild im Gasthof Zum Löwen, Staufen – Blick Richtung Stubenhaus

tungssaal, ein Stockwerk über der literarischen Ausstellung, statt.

In die Fauststadt gekommen war Huchel auf Empfehlung Erhart Kästners. Der langjährige Bibliothekar, Redakteur und Schriftsteller brachte in Staufen seinen Ruhestand zu. Das Museum zeigt Erstausgaben seiner Werke, die dem früheren Privatsekretär Gerhart Hauptmanns literarischen Ruhm – aber auch harsche Kritik – eingebracht hatten.

Der Band *Griechenland* enthielt Reiseberichte, die er 1942 als Soldat im Auftrag der Wehrmacht verfasst hatte. Der Autor schwärmte darin von einer angeblichen Geistesverwandtschaft der antiken Hellenen mit den Deutschen der Nazizeit, während das Land an der Ägäis von der Wehrmacht besetzt war. Das nahmen ihm viele übel – und Kästner sich selbst auch. Nach dem Krieg revidierte er sein Griechenlandbild, gestand die Gräuel des Dritten Reichs ein und trat für Verständigung zwischen den Kulturen ein. Er änderte sogar seine alten Bücher: Sein *Griechenland*-Exemplar mit Streichungen und Umarbeitungen ist eines der Exponate in Staufen.

Von 1950 bis 1968 wirkte Kästner als Direktor der berühmten Herzog-August-Bibliothek in Wolfenbüttel – ein Amt, das in den Jahrhunderten vor ihm bereits Gottfried Wilhelm Leibniz und Gotthold Ephraim Lessing bekleidet hatten. Er gestaltete die Bibliothek zu einer Sammlung kostbarer und schöner Bände um und begründete eine Abteilung für Maler- oder Künstlerbücher. In seiner Nebentätigkeit als Literaturredakteur entdeckte Kästner Uwe Johnson und trat für Paul Celan ein. 1949 rezensierte er als einer der Ersten Thomas Manns Roman *Doktor Faustus*. Es gilt unter anderem als sein Verdienst, dass der nach dem Krieg vielfach als »Vaterlandsverräter« geschmähte Thomas Mann wiederentdeckt wurde.

Nach dem Ausstellungsbesuch im Stubenhaus empfiehlt sich eine Einkehr im historischen Gasthof Löwen gegenüber. In Deutschlands drittältestem Gasthaus lebt der Mythos vom Doktor Faust weiter. Es gibt eine Faust-Stube mit Wandgemälden zu Motiven der Sage und Buchausgaben in Vitrinen. Auf dem Kachelofenrelief hält Mephisto den Gelehrten im Würgegriff. Kunstvolle Glasfenster mit Faust-Darstellungen zieren den Saal im ersten Stock. Sogar das legendäre Zimmer Nummer 5 existiert noch, mit dem Schriftzug »Dr. Faust« an der Tür, einem Porträt des Doktors als Schnitzerei auf dem Seitenteil des Betts sowie Reagenzgläsern, Phiolen und Destillierkolben in einer Wandnische. Wer möchte, kann diesen besonderen Raum zur Übernachtung buchen. Die heutige Wirtin sagt: »Manche Gäste möchten unbedingt dieses Zimmer, andere auf gar keinen Fall!«

MARIE-LUISE KASCHNITZ · GEDICHTE
TOTENTANZ UND GEDICHTE ZUR ZEIT
Kaschnitz
ENGELS BRÜCKE
ECV
Marie Luise Kaschnitz ORTE
Kaschnitz Beschreibung eines Dorfes it 665
Kaschnitz Beschreibung eines Dorfes
Marie Luise Kaschnitz Wohin denn ich
Marie Luise Kaschnitz Liebe beginnt
Marie Luise Kaschnitz Ein Wort weiter
Marie Luise Kaschnitz Lange Schatten
Kaschnitz Gespräche im All Hörspiele
Kaschnitz - Juritz Das dicke Kind
Marie Luise Kaschnitz Tage, Tage, Jahre
Marie Luise Kaschnitz Ferngespräche
Marie Luise Kaschnitz Orte
Marie Luise Kaschnitz Beschreibung eines Dorfes

Herzkammer der Heimat

Marie-Luise-Kaschnitz-Zimmer im Rathaus Bollschweil

Manche Orte bedeuten wenig, bis sie von Schriftstellern auf die literarische Landkarte gehoben werden. Bollschweil im Breisgau gehört zu ihnen. Das liegt an Marie Luise Kaschnitz (1901–1974). Die weit gereiste Nachkriegsautorin suchte immer wieder ihre »eigentliche Heimat« auf, wo das Gutshaus ihrer Familie stand. In vielen ihrer Romane, Gedichte und Essays taucht Bollschweil auf – auch wenn sie es nie beim Namen nannte. So in ihrem ersten Roman *Liebe beginnt* von 1933, der surrealen Erzählung *Pax* von 1936, der Kriminalgeschichte *Pflanzmaschine* von 1966 und der unglücklichen Liebesgeschichte *Das Kalkwerk* von 1970.

Die Hauptrolle spielt Bollschweil im Text *Beschreibung eines Dorfes* von 1966. Die Autorin nähert sich minutiös und einfühlsam dem Ort, seinen Geräuschen und Gerüchen, Häusern und Menschen, Rapsfeldern und Apfelbäumen, Fahrrädern und Traktoren, seinem Gasthaus und seinem Kalkwerk, betrachtet ihn aus der Vogelperspektive und reist in seine Geschichte zurück. In einem Fernsehfilm des Autors und Regisseurs Horst Bienek von 1968 liest Marie Luise Kaschnitz selbst an den Bollschweiler Originalschauplätzen aus der *Beschreibung* vor.

Aufnahmen der Lesung können auf Knopfdruck im Bollschweiler Rathaus im Video angesehen werden. Dort hat die Gemeinde im Obergeschoss einen Museumsraum für ihre berühmteste Bürgerin eingerichtet. *Herzkammer der Heimat* heißt das Zimmer, nach einer Umschreibung der Dichterin für Bollschweil.

Rund um Kaschnitz' persönlichen Schreibtisch sind Bücher und Manuskripte angeordnet. Lesestationen, Videos, Fotos, Briefe und Gedichte auf Bannern erzählen von der Schriftstellerin, die als Marie Luise Freifrau von Holzing-Berstett in Karlsruhe geboren wurde. Ihre Kindheit verbrachte sie in Potsdam und Berlin, die späte Jugend ab 1917 in Bollschweil auf dem Gut ihres Vaters, des Generalmajors Max Freiherr von Holzing-Berstett. Auch als die junge Frau 1922 nach Weimar aufbrach, um eine Lehre als Buchhändlerin zu absolvieren, und später in einem Münchner Verlag arbeitete, ließ sie das Dorf im Breisgau nicht los. 1925 heiratete sie im hiesigen Rathaus den österreichischen Archäologen Guido Kaschnitz von Weinberg. An jenem lauen Dezembertag sei sie eine »Winds-

Annemarie Kugge führt auf den Spuren von Marie Luise Kaschnitz durch Bollschweil

braut gewesen in ihrem Hochzeitsschleier«, schrieb sie in einem ihrer Texte, der im Museum zitiert ist. Sie sei immer gern gegen den Wind gelaufen. Neben der Tafel mit der Textstelle ist ein Schwarz-Weiß-Foto der Braut zu sehen, welcher der Wind den Schleier zerzaust.

Mit ihrem Mann zog Marie Luise Kaschnitz nach der Heirat nach Rom. Königsberg, Marburg und viele weitere Domizile folgten. Später wurde vor allem Frankfurt am Main zum Lebensmittelpunkt der Dichterin. Aber um 1928 auf die Geburt ihrer einzigen Tochter Iris Constanza zu warten, kam Marie Luise Kaschnitz nach Bollschweil. Hier besuchte sie, wann immer möglich, ihren drei Jahre jüngeren Bruder Adolf Max, der das Gut nach dem Zweiten Weltkrieg übernommen hatte, um es für die Familie zu erhalten. Hier wohnte sie im Jahr 1958 der Beerdigung ihres geliebten Mannes bei. Und hier nahm sie 1967 die Ehrenbürgerurkunde entgegen. Diese ist in einem der zahlreichen Schubfächer der *Herzkammer* zu finden. Den renommiertesten deutschen Literaturpreis, den Georg-Büchner-Preis, hatte die Schriftstellerin bereits im Jahr 1955 erhalten. Sie habe sich als »Kennerin der antiken Welt« und »strenge Diagnostikerin« erwiesen, heißt es in der Laudatio. 1974 kehrte Marie Luise Kaschnitz ein letztes Mal in ihren Heimatort zurück: Nach ihrem Tod in Rom wurde sie nach Bollschweil überführt und liegt nun an der Seite ihres Mannes und anderer Familienmitglieder begraben.

Die Bollschweilerin Annemarie Kugge zeigt den Teilnehmern ihrer literarischen Dorfführungen gerne diesen Ort, den abgetrennten Bereich auf dem Gottesacker, das rötliche Grab der Dichterin mit dem Reiterrelief. Sie liest aus Kaschnitz' *Gesang vom Menschenleben*, aus dem damals bei ihrer Beerdigung zitiert wurde. Und natürlich aus der *Beschreibung eines Dorfes*, in der die Autorin alle die Plätze in Bollschweil verewigt hat und die als Grundlage für den literarischen Spaziergang dient. »Ich habe mich mit Marie Luise Kaschnitz beschäftigt und dabei so viel über Themen wie Kindheit, Liebe, Gott und Tod gelernt«, sagte die 1948 geborene Bollschweilerin, die ihre Erklärungen mit Anekdoten aus der eigenen Jugend im Dorf anreichert.

Ihre Mutter, erzählt Annemarie Kugge, habe für den Gutsbesitzer Max von Holzing-Berstett immer Volkslieder gesungen. Das habe dem »Herrn General so gefallen«. Die Tochter des Generalmajors, Marie Luises Schwester Lonja, habe ihr und den anderen Kindern der Gemeinde aus Büchern vorgelesen, erinnert sie sich, als sie vor dem herrschaftlichen Gutshaus aus dem 18. Jahrhundert steht. Der Brunnen, die alten Linden, die Torbögen – alles ist noch so wie zu Kaschnitz' Zeiten. Noch immer befindet sich das »Schloss«, wie es die Einheimischen nennen, im Besitz der Familie Holzing-Berstett.

Annemarie Kugge zeigt auch die Dorfkirche, deren steile Treppen vor dem Portal in der *Beschreibung* vorkommen, ebenso wie die alte Gärtnerei am Ortsrand, deren Produktionsumstellung auf fabrikähnliche Verhältnisse im Text thematisiert ist – mit Motorpflug, beheizten Glashäusern und nächtlicher Beleuchtung. »Manchmal ist es, als würde ich mich mit meinem eigenen Leben befassen«, sagt Kugge.

Marie Luise Kaschnitz hat in ihrem Gedicht *Interview* die Antworten vorweggenommen, die sie Reportern auf mögliche Fragen nach ihrer Biografie geben würde. Es gelte, dem Neugierigen zu sagen, »dass du an vielen Orten zu Hause warst, aber ein Heimatrecht hast an keinem«. Das Gedicht ist auf einem großen Banner im Museum *Herzkammer der Heimat* zu lesen. Kaschnitz' letztes Buch von 1973 heißt schlicht *Orte*. In diesem autobiografischen Text widmet sie sich in loser Reihenfolge den Städten und Plätzen, die ihren Weg prägten: Frankfurt, wo sie in den Trümmern, die der Krieg im Stadtbild und den Menschen hinterlassen hatte, den Neubeginn miterlebte. Rom, wo sie Geschichten aus den Trümmern der Antike hob. Und natürlich Bollschweil, dem Ort, an den sie immer wieder zurückkehrte.

Shakespeare an der Wand

Kulturgasthof und Schwanitz-Haus zum Salmen in Hartheim

In der Mitte sitzt William Shakespeare, umringt von den Figuren, die er erdichtete. An der Balkonbrüstung küsst Romeo Julia verstohlen auf die Wange, Shylock wetzt heimlich sein Messer, Hamlet hält den Totenschädel in der Hand. Und nicht zufällig erinnert das Wandgemälde hinter der Bühne des Hartheimer *Kulturgasthof zum Salmen* an Paolo Veroneses berühmtes Bildnis *Das Gastmahl im Hause des Levi* von 1573.

Geschaffen hat es die Trompe-l'œil-Malerin Andrea Berthel im Auftrag des Shakespeare-Experten Dietrich Schwanitz (1940–2004). Der Hamburger Anglistikprofessor und Verfasser des Uni-Romans *Der Campus* sowie des Kompendiums *Bildung* hatte den baufälligen Gasthof in Hartheim 2001 gekauft. Der Ort war ihm bereits während seiner Zeit als Freiburger Student Wohnsitz gewesen.

Ein Zentrum für Kreative wollte der emeritierte Professor aus der 1767 erstmals erwähnten »Realgastwirtschaft« machen, die auch schon Fremdenzimmer und einen Tante-Emma-Laden beherbergt hatte. Davon erzählte der Professor, der unter den Bewohnern als Einzelgänger und Sonderling galt, Gästen gern. Dann kam es schon mal vor, dass er aus heiterem Himmel Shakespeare-Szenen auf Englisch darbot.

An der Ausgestaltung der alten Wirtshausbühne nach Schwanitz' Wünschen soll die Malerin 900 Stunden gearbeitet haben. Alleine die Desdemona aus Shakespeares *Othello* hieß sie der Auftraggeber neunmal übermalen. Sich selbst ließ er mit Rotweinglas und Buch am Rand der Szenerie verewigen. Schwanitz soll auf dieser Bühne auch geschlafen haben, wenn er nicht gerade nächtelang an seinem Traum vom einzigartigen Kulturzentrum hämmerte und werkelte. Wirklich fertig wurde es nie.

Als der Professor im Jahr 2004 nach langer Krankheit gestorben war, kaufte die Gemeinde den Erben das Haus zum Salmen ab. Sie renovierte den Gebäudekomplex und eröffnete ihn 2011 neu. Ein 2008 von Ehrenamtlichen gegründeter Verein sorgt dafür, dass das alte Gasthaus mit dem skurrilen Wandgemälde heute eines der pulsierenden Kulturzentren im Freiburger Raum ist. Zugänglich ist das Gebäude, wenn im Foyer und im oberen Saal Lesungen, Konzerte, Kabarett, Comedy und Theater stattfinden. Das Gasthaus kann unabhängig davon besucht werden.

Wo der Rhein ein Buchfalz ist

Markgräfler Museum in Müllheim

Südlich von Freiburg bis zur Schweizer Grenze erstreckt sich das Markgräfler Land. Sein Name rührt von den Markgrafen von Baden her, die diese Gegend ab dem 15. Jahrhundert beherrschten – anders als in Freiburg, wo die Habsburger regierten. In einer der wärmsten Regionen Deutschlands gedeihen der Gutedel und andere feine Weine, was den Autor und Cartoonisten Peter Gaymann zum Schluss brachte, dieses Land könne man »nie leersaufen«. Der Basler Kulturhistoriker Jacob Burckhardt (1818–1897), der gerne hier wanderte, nannte es »Vorbote Italiens«.

Archäologie, Kunst, Geschichte, natürlich Weinbau, aber auch Literatur der Region stellt das Markgräfler Museum in Müllheim im ehemaligen Palais der Winzerdynastie Blankenhorn vor: Die 2014 eröffnete Dauerausstellung zur Literatur nutzt 50 Quadratmeter unter dem Dach. Großflächige Panoramafotos bedecken beide Dachschrägen: im Osten der Schwarzwald, im Westen die Vogesen. Die Szenerie erinnert an René Schickeles Romantrilogie *Das Erbe am Rhein.* Deutschland und Frankreich erscheinen dem Elsässer Autor »wie zwei Seiten eines aufgeschlagenen Buches – ich sehe deutlich vor mir, wie der Rhein sie nicht trennt, sondern vereint, indem er sie mit seinem festen Falz zusammenhält«. Der expressionistische Erzähler Schickele litt zeitlebens an der vermeintlichen Erbfeindschaft. In Badenweiler lebte er von 1921 bis 1932. Vorausgegangen war ein Exil in der Schweiz. Die nahende Machtergreifung der Nazis ließ ihn aus Badenweiler nach Südfrankreich emigrieren, wo er 1940 starb. Das Museum bewahrt neben mehreren Ausgaben seiner Werke auch seine Totenmaske auf.

Alemannische Lieder in der Mundart des Rheins gab 1843 der Niedersachse August Heinrich Hoffmann von Fallersleben heraus, der Dichter des späteren Deutschlandliedes. Die Ausstellung zeigt eine Erstausgabe mit handschriftlichen Anmerkungen des Autors. Sie ergänzt die Exponate zu Johann Peter Hebel, der 1803 mit seinen *Alemannischen Gedichten* für Aufsehen sorgte. Zitate, Werke und Erinnerungsstücke stellen noch mehr Verfasser vor, die in der Region lebten und arbeiten – so wie Marie Luise Kaschnitz oder Annette Kolb. Eine Multimediastation macht Lust auf weitere literarische Plätze im Markgräfler Land.

Fluchtweg
STOP
im Notfall
benutzen!

38

Zum letzten Mal von der Sonne liebkost

Tschechow-Salon in Badenweiler

Warum haben so viele Literaten ausgerechnet Badenweiler aufgesucht, um dort Erholung, Genesung und Behandlung zu finden? Liegt es am milden Klima am Rand des Schwarzwaldes, dem Thermalwasser, das schon die Römer für sich entdeckt hatten, oder den renommierten Ärzten, die hier praktizierten? Jedenfalls reicht die Zahl poetischer Gäste aus, um mit dem Tschechow-Salon ein feines literarisches Museum zu etablieren.

Im Erdgeschoss des Rathauses, gleich gegenüber der eleganten Cassiopeia-Therme, stellt die Ausstellung 25 Autoren vor: mit Infotafeln, Gemälden, Fotografien, Publikationen, Briefen, Audiostationen und vielen interessanten Exponaten. Allen voran den Namensgeber Anton Tschechow, geboren 1860 im südrussischen Taganrog. Mit Dramen wie *Die Möwe, Onkel Wanja, Der Kirschgarten* oder *Drei Schwestern* und Erzählungen wie *Der schwarze Mönch* avancierte er zum Wegbereiter der literarischen Moderne. Bis heute zählt Tschechow zu den meistgespielten Bühnenautoren weltweit. Gemälde, Theaterplakate, Buchausgaben auf Deutsch und Russisch, eine kunstvolle Büste aus Bronzeguss und eine ausführliche Zeitleiste sind dem Schriftsteller gewidmet. Nach Badenweiler war er im Juni 1904 gekommen, um seine Jahre währende Tuberkulose behandeln zu lassen. Er hatte offenbar den richtigen Ort gewählt, wie er seiner Schwester Mascha in einem Brief verriet: »Wenn Du wüsstest, was für eine Sonne hier ist – sie brennt nicht, sie liebkost.« Doch Tschechow war zu spät gekommen. Die Krankheit war bereits weit fortgeschritten.

Eine Vitrine im Museum enthält ein blaues Spuckfläschchen, wie der Autor und andere Tuberkulosekranke es auch in Badenweiler benutzten. Auf einer Wand sind Worte seiner Frau Olga Knipper-Tschechowa zu lesen. Sie erzählen, wie der Dichter im Juli das letzte Glas Champagner trank und auf Deutsch sagte: »Ich sterbe.« Ein Eisenbahnzug brachte seinen Leichnam von Badenweiler nach Moskau.

Tschechow-Verehrer errichteten ihrem Idol nur vier Jahre nach seinem Tod ein Denkmal im Kurpark seines Sterbeorts. Dessen Einweihung wohnte auch der Regisseur Konstantin Stanislawski bei – schließlich gehörte er zu den Initiatoren des Monuments. Der Theaterreformer, Mitbegründer und Direktor des *Moskauer*

Künstlertheaters weilte später noch mehrere Male in Badenweiler. Insgesamt 13 Monate verbrachte er in dem Kurort. Hier verfasste er einen Großteil seines theoretischen Hauptwerks *Die Arbeit des Schauspielers an sich selbst*, in dem er sein weltberühmtes System der »schauspielerischen Wahrhaftigkeit« entwarf. Schwarz-Weiß-Aufnahmen im Museum zeigen Stanislawski beim Spaziergang und beim Lesen auf einer Parkbank in Badenweiler. Das Tschechow-Denkmal sollte wiederum nicht lange überleben: Bereits 1918 schmolzen die Deutschen das Standbild zu Kriegszwecken ein, konnten es dann aber offenbar doch nicht verarbeiten. Die Bronzebarren, die damals entstanden, liegen heute im Tschechow-Salon präsentiert.

Tschechow-Salon Badenweiler

Ein ähnliches Schicksal wie Tschechow ereilte den jungen Dichter Stephen Crane (1871–1900). Mit seinen Romanen *Maggie – ein Straßenmädchen*, *Die rote Tapferkeitsmedaille* und der Erzählung *Das offene Boot* begründete er den amerikanischen literarischen Naturalismus und gilt als Wegbereiter der modernen US-Literatur. Crane, der als Reporter Slums und Kriegsgebiete in aller Welt aufgesucht und in der Karibik einen Schiffbruch überlebt hatte, litt ebenfalls an Tuberkulose. Seine letzte Hoffnung setzte er in den weltberühmten Badenweiler Kurarzt Albert Fraenkel (1864–1938). Vergeblich: Nur wenige Tage nach seiner Ankunft beim angesehenen Tuberkulose- und Herzforscher starb Crane. In einem Schaukasten liegt ein Telegramm, mit dem das amerikanische Konsulat die Überführung seiner Leiche in die USA regelte. Lange vergessen, entdeckten die Kritiker den

Schriftsteller und sein literarisches Werk in den 1950er-Jahren wieder. Die Gemeinde Badenweiler vergibt seit 2007 gemeinsam mit der Universität Freiburg den Crane-Forschungspreis für nordamerikanische Literatur- und Kulturwissenschaft.

Auch deutschsprachigen Autoren widmet sich das Museum: etwa dem Philosophen und Psychiater Karl Jaspers, bei dem Fraenkel 1901 die schwere Lungenkrankheit Bronchiektasen diagnostizierte. Der Arzt habe ihn mit seinen Ratschlägen gelehrt, »gesund zu sein, wenn man krank ist«, so Jaspers später. Hermann Hesse nahm seine beiden Aufenthalte in Fraenkels Sanatorium in den Jahren 1909 und 1910 zum Anlass, den gesamten Badenweiler Kurbetrieb in seinem Roman *Kurgast* 1925 ironisch auf die Schippe zu nehmen.

Badenweilerin auf Zeit war Annette Kolb, die Autorin von Romanen wie *Die Schaukel* und *Daphne Herbst*. Die Tochter einer Pariserin und eines Münchners kämpfte ein Leben lang leidenschaftlich gegen Kriegstreiberei und für die deutsch-französische Aussöhnung. 1922 kam sie aus der Schweiz, wo sie im Ersten Weltkrieg Zuflucht gesucht hatte, in den Kurort. Sie wurde Nachbarin des Elsässer Schriftstellers René Schickele, der ebenso aus dem Schweizer Exil kam und wie sie für Völkerverständigung und Aussöhnung der beiden Nationen eintrat. Annette Kolb erlebte in Badenweiler ihre produktivste literarische Zeit, ehe sie genau wie Schickele vor den Nazis fliehen musste. Nach einer Odyssee durch Frankreich, Spanien, Portugal und die Vereinigten Staaten wurde sie 1949 wieder in der Markgräfler Gemeinde und in München ansässig. Im Museum erinnert an sie eine Bronzebüste, geschaffen vom Berliner Bildhauer Georg Kolbe (1877–1947).

Die Ausstellung verrät zahlreiche Details: dass Hermann Broch seine Romantrilogie *Der Schlafwandler*, erschienen von 1930 bis 1932, zum Teil in Badenweiler spielen ließ. Dass die Sozialpolitikerin Elly Heuss-Knapp ihren Lieblingserholungsort 37-mal besuchte und auch ihren Mann mitbrachte, den Bundespräsidenten Theodor Heuss. Dass die Literatin Gabriele Wohmann Badenweiler ihren »Nostalgie-, Sehnsuchts- und Heimatplatz« nannte und in Tschechows Sterbehotel 1978 den Roman *Frühherbst in Badenweiler* über einen Komponisten in der Lebenskrise zu Papier brachte. Und dass der Literaturwissenschaftler und Essayist Rüdiger Safranski seit 2009 im Ort lebt und sich für örtliche Literaturveranstaltungen engagiert.

Wann Näid und Haß brent
Wie Ein feür Wär Holz und
Kohlen Nicht So theür
1703
HEBELHAUS

Weltuntergang im Wiesental

Hebelhaus in Hausen

Wenn Hausens Metzgereien in ihren Schaufenstern die Hebelwurst anpreisen, dann ist es bald so weit: Der 10. Mai, der Geburtstag des Dichters, evangelischen Theologen und Pädagogen Johann Peter Hebel steht an. Seit 1860 feiert sein Kindheitsort das Hebelfest: Bunt geschmückte Kinder und die Blaskapelle *Hebelmusik* ziehen durch das Schwarzwalddorf, eine Delegation der Basler Hebelstiftung reist an und spendiert den zwölf ältesten Einwohnern Hausens im Wiesental eine Mahlzeit, das Hebelmähli. Im Zweijahresrhythmus verleiht das Land Baden-Württemberg während der Festivität den renommierten Hebelpreis, den bisher so unterschiedliche Autoren wie Albert Schweitzer, Martin Heidegger, Marie Luise Kaschnitz, Elias Canetti, Arnold Stadler und Christoph Meckel erhalten haben.

Der Verfasser der bis heute gelesenen *Alemannischen Gedichte* und des *Schatzkästlein* steht wie kein zweiter für die Literatur am Oberrhein. Das Häuschen in Hausen, wo er bis zum Alter von 13 Jahren lebte, gibt Einblick in Leben, Werk und Wirkung des humorvollen Poeten. Das *Hebelhuus* in der Ortsmitte ist kaum zu verfehlen. Das geduckte Fachwerkgebäude steht in Sichtweite des Denkmals für den berühmten Bürger der Stadt. Die Dichterbüste auf dem Sockel mit der Aufschrift »Johann Peter Hebel, Badens erster Prälat, lieblicher alemannischer Sänger und gemüthlichheiterer Volks Erzähler« ließen Verehrer um 1860 im Hausener Eisenwerk gießen. Im Tal des Flüsschens Wiese bot diese frühe Industrieanlage seit 1685 Arbeit und kärglichen Lohn.

Auch Hebels Mutter verdiente in den Wintermonaten in der Fabrik ihr Brot. Der junge Peter schleppte Kohle und Schlacke, um seine Mutter zu unterstützen. Den Vater hatte der in Basel Geborene schon mit drei Jahren verloren. Er war ebenso wie die Schwester an Typhus gestorben. Mutter und Sohn bewohnten den ersten Stock des Häuschens, in dem der Auszahltisch, ein Metallkreuz, eine Reliefplatte und Schlackeklumpen an das Eisenwerk erinnern. Die niedrigen Decken, die winzigen Fenster, die enge Küche mit dem Spülstein und der karge Kachelofen mit Ofenbank in der Stube lassen die damaligen einfachen Verhältnisse erahnen. In die Lateinschule im fünf Kilometer entfernten Schopfheim musste der Junge zu Fuß gehen. Die warmen Monate verbrachte die kleine Familie in Basel, wo die Mutter eine Anstellung über den Sommer hatte. Mehrere

Abteilung im Museum zum Hausener Hebelfest

Schautafeln zeigen mit Zeitleisten Hebels Lebensweg in Etappen auf.

Dazwischen sind immer wieder Fragmente seiner literarischen Texte eingestreut. Hebel vergaß die Gefilde seiner Kindheit sein Leben lang nicht. »Feldbergs liebligi Tochter« nannte er das Flüsschen Wiese später in einem Vers. Aber er machte diese Landschaft auch zum Schauplatz seines Gedichts *Die Vergänglichkeit* – einer düsteren, apokalyptischen Vision, in der ein Vater und sein Sohn den Weltuntergang über Basel und dem Wiesental vor Augen haben. Der packende Text zeigt, welche Urkraft Mundart entfalten kann:

»D'Wiese het ke Wasser meh, s isch alles öd und schwarz, und todtestill, so wit me luegt – das siesch und seisch di'm Cammerad, wo mitder goht: ›Lueg, dört isch d'Erde gsi, und selle Berg het Belche gheiße! (…)‹«

Hebel verarbeitete damit den großen Schicksalsschlag, der ihn mit 13 Jahren traf: Er wurde Zeuge, wie seine Mutter in einem Ochsenkarren auf dem Weg von Basel nach Hausen starb. Auf Vermittlung eines Lehrers besuchte der Waise das Gymnasium illustre in Karlsruhe, studierte später Theologie in Erlangen, wurde Lehrer in verschiedenen Gemeinden und stieg zum Direktor am Karlsruher Gymnasium, schließlich sogar zum Prälaten auf. Im badischen Landtag vertrat Hebel die evangelische Landeskirche. Parallel zu seiner beruflichen Laufbahn entdeckte er das literarische Schreiben für sich.

Im Hebelhaus liegt die Erstausgabe der *Alemannischen Gedichte*, die der Pädagoge mit 40 im Dialekt seiner Heimatregion veröffentlichte – *Die Vergänglichkeit* ist eines von ihnen. Das Werk erregte Aufsehen: Hebel war der Erste, der Mundart nutzte, um Gefühle in ihrer Unmittelbarkeit auszudrücken. Der Dialekt wurde »dichterisch«, wie Rainer Maria Rilke es formulierte.

Eine interaktive Landkarte im Museum zeigt die Plätze im Wiesental und am Rhein auf, denen die *Alemannischen Gedichte* gewidmet sind. Auf Knopfdruck können die Verse angehört werden: im Original und ins Hochdeutsche übertragen.

Originale Briefe, Manuskriptseiten und Buchausgaben ergänzen die Ausstellung, die von Hebels weiterem Leben und Schaffen berichtet: Als Endvierziger bestellte man ihn zum Redakteur des *Rheinländischen Hausfreundes*. Für den Kalender, dessen Kauf für alle Haushalte in Baden verpflichtend war, sammelte und verfasste er humorvolle, lehrreiche Anekdoten. Eine Auswahl daraus erschien später unter dem Titel *Schatzkästlein des rheinischen Hausfreundes* und kam im gesamten deutschsprachigen Raum bestens an. Als Kennzeichen von Hebels Histörchen galt nicht der erhobene Zeigefinger, sondern die Aufforderung zum Selbstdenken. 1826 starb Hebel, der zeitlebens Junggeselle geblieben war, auf einer Dienstreise in Schwetzingen.

Eine Abteilung des Museums in Hausen thematisiert, wie er vor allem in der Basler Gegend und in Südbaden bis heute verehrt wird: mit Denkmälern, Sammlungen, Themenwanderwegen und Veranstaltungen wie dem Hebelfest. Ein Mehrzweckraum im Erdgeschoss bietet Platz für Lesungen, Musik und Ausstellungen. Als besonderes pädagogisches Konzept hat das Museum Media-Guide-Führungen für verschiedene Altersstufen ausgearbeitet. So dürfen Schüler auf den Spuren von »Frau Locke und Herrn Spazierstock« Aufgaben lösen, sich Geschichten ausdenken und dabei inmitten der Exponate Hebels originalen Spazierstock und eine Locke seines Haares entdecken.

In einer Leseecke im Dachgeschoss können sich alle Besucher in Hebels Werke vertiefen. Zum Beispiel in die berühmte Kalendergeschichte vom Tuttlinger Handwerksburschen, der erstmals Amsterdam besucht und dort nach dem Besitzer der prachtvollen Häuser und Schiffe fragt. »Kannitverstan« (Ich kann nicht verstehen), entgegnen ihm die Holländer. Voller Neid auf den offensichtlich reichen Herrn Kannitverstan trifft der schlichte Bursch auf einen Leichenzug und fragt nach dem Namen des Toten. Wieder heißt es: »Kannitverstan.« Als er das hört, versöhnt sich der arme Handwerker mit seinem eigenen Schicksal. Er denkt an »den Herrn Kannitverstan in Amsterdam, an sein großes Haus, an sein reiches Schiff und an sein enges Grab«.

Trompetenklänge

Scheffel-Räume im Hochrheinmuseum Bad Säckingen

Diese Melodie bleibt im Ohr. Die Trompetenmusik erklingt in der literarischen Ausstellung auf Schloss Schönau zu Bad Säckingen. Begleitend erscheinen auf einer Leinwand die Worte: »Behüt' dich Gott! Es wär' zu schön gewesen, behüt' dich Gott, es hat nicht sollen sein!« Sie stammen aus Joseph Victor von Scheffels (1826–1886) *Der Trompeter von Säckingen*. Die historische Dichtung von 1854 machte den Autor berühmt, die Verse wurden Inhalt eines musikalischen Gassenhauers, die Figuren zu Postkartenmotiven und Bad Säckingen war nun Trompeterstadt. Dabei war das historische Vorbild für Scheffels Bucherfolg wohl gar kein Trompeter. Aber von vorne.

Die Literaturabteilung des Hochrheinmuseums im Erdgeschoss von Schloss Schönau – auch »Trompeterschlösschen« genannt – erzählt einfallsreich inszeniert und mit vielen interaktiven Elementen von Scheffels Leben und Werk. Der gebürtige Karlsruher hatte Jura in München, Berlin und Heidelberg studiert, ehe er 1848 den liberalen badischen Bundestagsgesandten Carl Theodor Welcker als Legationssekretär zur Nationalversammlung in der Frankfurter Paulskirche begleitete. Die letztlich erfolglosen Bemühungen um Demokratie und nationale Einheit enttäuschten ihn schwer. Nachdem auch in Karlsruhe die Revolution gescheitert war, ließ er sich an den weit entfernten Hochrhein versetzen.

Ab 1850 verdiente Scheffel sein Geld als Rechtspraktikant am Bezirksamt von Säckingen. Hier mischte er sich ins kleinstädtische Leben, verkehrte gern im Biergarten im Park des Schlosses Schönau und trat der Säckinger Lesegesellschaft bei, die sich im Gasthaus *Goldener Knopf* am Münsterplatz traf. Dort, so verzeichnen alte Akten, verhafteten ihn die Gendarmen einmal sogar kurzzeitig – wegen zu lauten Singens.

Im *Goldenen Knopf* oder einem anderen Säckinger Gasthaus kam dem Juristen auch die Geschichte zu Ohren, die sich im Schloss Schönau rund 200 Jahre vor seiner Zeit zugetragen hatte: Die Adelige Maria Ursula von Schönau (1632–1691) verliebte sich in den bürgerlichen Kaufmann Franz Werner Kirchhofer (1633–1690) und heiratete ihn gegen den Willen ihrer vornehmen Familie. Maria Ursulas Bruder Otto Heinrich und andere Mitglieder des Hauses stemmten sich mit allen Mitteln gegen die nicht standesgemäße Liaison. Ein Verwandter, der das Amt des Obervogts bekleidete, untersagte dem Paar sogar, die Stadt zu betreten.

Doch die Liebe beflügelte Kirchhofer: Er bat die vorderösterreichische Regierung in Innsbruck um Hilfe und fand Gehör bei Erzherzog Ferdinand Carl. Der Landesherr setzte sich in einem

Museum im Trompeterschloss: Ausgabe von Scheffels Der Trompeter von Säckingen

Brief ausdrücklich für das Paar ein, das fortan unbehelligt in der Stadt leben konnte. Franz Werner Kirchhofer gelangte durch den Handel mit Salz zu einem kleinen Vermögen und stieg zum honorigen Bürger Säckingens, Stadtschreiber und Dirigenten der Sängerknaben auf. Dass er ein Instrument gespielt hat, ist nicht überliefert.

Scheffel gefiel die wahre Liebesgeschichte: Er begann, sie in Versform zu bringen. Er vollendete den Text allerdings erst, als er Säckingen bereits verlassen hatte, um in Italien Maler zu werden. Mit der Angabe »Capri, den 1. Mai 1853« endet die Vorrede zur ersten Ausgabe des Buches: Scheffel machte darin aus dem historischen Kaufmann Kirchhofer den aus Heidelberg stammenden Trompeter jung Werner. Und er staffierte sein Erstlingswerk mit Figuren wie dem launischen Kater Hiddigeigei aus, der süffisant über das Tun und Treiben der Menschen spottet.

Eine Tonbildschau in der Ausstellung auf Schloss Schönau erzählt Kapitel für Kapitel das Versepos nach, mit dem Scheffel rasch die Leser begeisterte und in den folgenden Jahrzehnten zu einem der erfolgreichsten deutschsprachigen Autoren avancierte. Auch ein standesgemäßes Happy End überlegte er sich: Jung Werner, der sich von seiner Geliebten – sie heißt bei Scheffel Margaretha – trennen muss, reist nach Rom zum Papst. Dieser ist von Werners Trompetenspiel so hingerissen, dass er den Musiker in den Adelsstand erhebt und dem Paar seinen Segen erteilt.

Die Melodie, die im Museum erklingt, stammt aus der 1884 uraufgeführten Oper *Der Trompeter von Säckingen*, welche Victor Ernst Nessler auf Grundlage des Bucherfolges komponiert hat. 1918 drehte Regisseur Franz Porten aus dem Stoff einen Stummfilm vor der Kulisse Säckingens. Das Museum zeigt Prachtausgaben des Gedichts, handschriftliche Notizen Scheffels, Dokumente des Bezirksamtes sowie zahllose *Trompeter*-Devotionalien. Die herzzerreißende Abschiedsszene zwischen jung Werner und Margaretha zählte zu den beliebtesten Postkartenmotiven im ausgehenden 19. Jahrhundert.

Scheffel selbst, der dem Trompeter seinen historischen Roman *Ekkehard* sowie die Lieder- und Balladensammlung *Gaudeamus* folgen ließ, brachte es zum hoch angesehenen Literaten. Großherzog Friedrich I. von Baden erhob ihn als 50-Jährigen gar in den Adelsstand. Säckingen, das seit 1978 wegen seiner Heilwasserquellen das Prädikat Bad trägt, hält den Titel Trompeterstadt noch heute in Ehren. So findet sich im ersten Stock des Schlosses Schönau ein Museum mit einer der größten Sammlungen von Trompeten, Flügelhörnern und Kornetten Europas. Der liebevoll bepflanzte Park auf der Rückseite des Schlosses beherbergt in einer Nische ein kleines Trompeterdenkmal. Eine weitere, moderne Statue steht inmitten eines Brunnens auf der Vorderseite des Gebäudes.

Ein Zeugnis der historischen Begebenheit, auf die das Epos zurückgeht, ist die Grabplatte am barocken Fridolinsmünster: Gewidmet Franz Werner Kirchhofer und Maria Ursula von Schönau, würdigt sie in lateinischer Sprache das »in gegenseitige Liebe unvergleichliche Paar«. Hinter dem Rathaus am Rheinufer lauert der Kater *Hiddigeigei* als Skulptur in Angriffsstellung. Und am Rhein, wo Europas längste gedeckte Holzbrücke ins schweizerische Stein hinüberführt, liegt das Ausflugsschiff *Trompeter von Säckingen* vor Anker.

Vor allem die Melodie klingt noch lange nach einem Besuch in Bad Säckingen nach. Dabei bleibt die Frage offen, die der Münchner Komiker Karl Valentin (1882–1948) in einem seiner genial-absurden Dialoge aufwarf: Wenn der Trompeter die Melodie blies, wer hat dann die Worte »Behüt' dich Gott …« gesungen? Oder konnte der verliebte Werner am Ende gar gleichzeitig Trompete blasen und singen?

drei länder museum
musée des trois pays
lörrach

Was sind schon Grenzen?

Dreiländermuseum in Lörrach

Welch geringe Bedeutung Nationengrenzen besitzen, stellen Besucher des Dreiländermuseums in Lörrach fest. Den Boden bedeckt ein begehbares Satellitenbild. Es zeigt den Oberrhein aus 10.000 Metern Höhe: Grenzen sind nicht auszumachen.

Die Ausstellung, nur wenige Kilometer sowohl von Schweizer als auch von französischem Gebiet entfernt, widmet sich der oft schwierigen Beziehung der drei Länder und ihrer Menschen. Es wird bewusst mit Klischees gespielt, Besucher dürfen sich als »typische« Deutsche, Franzosen und Schweizer verkleiden, erfahren von Grenzkontrollen und Schmuggel, aber auch von fruchtbaren Wirtschaftsbeziehungen und Verständigung.

Eine Abteilung im dritten Stock widmet sich Johann Peter Hebel. Der in 1760 Basel geborene Dichter erhob den Dialekt aus dem Dreiländereck zur grenzüberschreitenden Literatursprache. Seine *Alemannischen Gedichte* von 1803 sorgten weit über den Oberrhein hinaus für Begeisterung. Johann Wolfgang von Goethe lobte sie, Jean Paul lernte eigens die alemannische Mundart – in der übrigens noch heute Schweizer, Elsässer und Südbadener Dialektsprecher miteinander reden können.

Zu sehen sind Briefe Hebels, seine Brieftasche und sein Lehnstuhl, Ausgaben seiner Erzählungen und Gedichte, zudem Devotionalien wie ein Weinkrug mit dem Konterfei des Dichters. Hebel erlebte seine glücklichste Zeit in Lörrach, wie er später berichtete. Hier trat er 1783 nach dem Theologiestudium ein Vikariat an und lehrte am Pädagogikum Latein, Griechisch und weitere Fächer. Den Pfarrvikar Friedrich Wilhelm Hitzig und die Pfarrerstochter Gustave Fecht, denen er lebenslang verbunden blieb, lernte er in der Rheinstadt kennen. Zudem begründete der Dichter den »Proteuserbund« mit, einen eingeschworenen Freundschaftszirkel, dessen Mitglieder gemeinsam philosophierten. Als Hebel 1791 als Subdiakon nach Karlsruhe berufen wurde, predigte er zum Abschied in der Stadtkirche.

Zu Ehren des 1826 verstorbenen Autors gründete sich nach dem Zweiten Weltkrieg in Lörrach der Hebelbund. Er lud 1947 zum großen Hebelfest, bei dem sich Zehntausende Deutsche und Schweizer – denen die Einreise ausnahmsweise erlaubt war – nach vielen Jahren erstmals wiedersahen. Im Museum sind Filmaufnahmen davon zu sehen.

Konstanz und der Bodensee

Meersburg

ROSGARTENMUSEUM
Herzlich Willkommen!
Welcome!
Geniessen Sie eine Tasse Kaffee in unserem Museumscafé
Enjoy a cup of coffee in our café
ROSGARTEN
MUSEUM KONSTANZ
H&M

Comic aus dem Mittelalter

Rosgartenmuseum in Konstanz

Das begann ja schon einmal miserabel für Gegenpapst Johannes XXIII. Auf dem Weg zum Konstanzer Konzil, zu dem um 1414 alles zusammenkam, was in Kirche und Welt Rang und Namen hatte, stürzte seine Kutsche krachend um. Gemeinsam mit dem geistlichen Herrn purzelte wohl auch seine Mätresse in den Matsch am Arlberg. Dabei reiste Johannes doch nach Konstanz, um sich als der einzige und rechtmäßige von drei konkurrierenden Päpsten zu etablieren. Der römisch-deutsche König Sigismund hatte die Stadt am Bodensee als Schauplatz durchgesetzt, an dem die Kirche ihre Spaltung überwinden und Ketzerlehren aus der Welt schaffen sollte. Ziel war, sich auf die wesentlichen Säulen des Glaubens zu besinnen: Die Christenheit sollte wieder mit einer Stimme sprechen.

Die Szene des Kutschensturzes und viele weitere Begebenheiten rund um das Konzil sind deshalb überliefert, weil sie der Konstanzer Bürger Ulrich Richental aufgezeichnet hat. Er stellte seine Beobachtungen in den Jahren nach 1420 auf insgesamt 300 großformatigen Seiten zusammen. Gehalten in alemannischer Mundart und illustriert von professionellen Malern auf Kosten des Verfassers, liest sich diese Chronik heutzutage wie ein mittelalterlicher Comic.

Im Zunftsaal des Rosgartenmuseums, das sich der Geschichte der Stadt Konstanz widmet, ist eine Ausgabe des Geschichtswerks präsentiert. Weltweit existieren nur 16 Ausführungen. Ob sich darunter ein Original befindet, während andere bloße Abschriften sind, wissen Literaturwissenschaftler bis heute nicht genau. Sicher ist aber, dass es sich beim Konstanzer Exemplar um eines der schönsten und am reichhaltigsten illustrierten handelt. Das Rosgartenmuseum verwahrt es in einer klimatisierten Vitrine. Alle paar Monate blättern die Restauratoren vorsichtig die Seiten um, damit sich eine neue Szene hinter der Glasscheibe darbietet.

Einen Nachdruck der vollständigen Chronik kann jeder im Zunftsaal eigenhändig durchblättern. Betrachter können sich in dem bunten Panoptikum, das der »rasende Reporter« Richental zusammengetragen hat, regelrecht verlieren. Es ist zu sehen, wie Hunderte Handwerker von überallher anreisen, um die 6.000 Konzilsgäste zu umsorgen und zu verpflegen. Metzger karren gepökeltes Rind aus Litauen herbei, Neugierige begutachten an

Richental-Chronik im Rosgartenmuseum Konstanz

Ständen feilgebotene Fische, Frösche und Schnecken und »Fremde Brodbacker zu Constanz« bereiten mit ihrem fahrbaren Backofen einen Teigfladen zu – einen mittelalterlichen Vorläufer der Pizza?

Dargestellt ist aber auch die »Verbrennung des Magisters Johannes Hus«. Der Reformator und Rektor der Prager Universität war nach Konstanz gekommen, weil ihm König Sigismund freies Geleit zugesichert hatte. Das Vertrauen entpuppte sich als Fehler, weil die Papsttreuen an dem vermeintlichen Ketzer aus Böhmen ein Exempel statuieren wollten. Die Bilder in der Richental-Chronik zeigen den brennenden Hus auf dem Scheiterhaufen, der von Folterknechten noch mit Forken gepiesackt wird. Im nächsten Bild schaufeln sie seine Asche in den Rhein.

Wer das Kompendium weiter durchsieht, erfährt, wie Königin Birgitta von Schweden auf dem Konzil heiliggesprochen wurde, wie die Konstanzer den Erzbischof von Salisbury und Kardinal von Bari zu Grabe trugen und wie Florentiner Geldwechsler ein pompöses Fest ausrichteten. Schließlich ist die Schlüsselszene aus dem Jahr 1417 abgebildet: Aus dem Konzilshaus wurde eine weiße Fahne geschwenkt: Die einzige Papstwahl auf deutschem Boden war vollzogen.

Das Rosgartenmuseum im ehemaligen Zunfthaus der Metzger, Krämer, Apotheker, Hafner und Seiler erzählt darüber hinaus mit Gemälden, Schnitzereien, Skulpturen, Möbeln und vielen weiteren Exponaten von Konstanz' mehr als 1.000-jähriger Geschichte als Handelsstadt,

Bischofssitz und Reichsstadt. Zu den obligatorischen Anlaufpunkten in dem mittelalterlichen Gebäudekomplex gehört ein Kinosaal. Ein Film mit zahlreichen Verweisen auf die Richental-Chronik erläutert die Hintergründe zum Konstanzer Konzil. Zu erfahren ist auch, dass laut Richental während des großen Kirchentreffens mehr als 700 Prostituierte in der Stadt ihren Geschäften nachgingen. Eine von ihnen brachte es sogar zu literarischem Ruhm: Der französische Autor Honoré de Balzac widmete eine seiner *Tolldreisten Geschichten* der Kurtisane Imperia:

»Die schöne Imperia war längst beschrien in der ganzen Welt als die hochmütigste und launenhafteste Dame ihres Handwerks. Sie galt außerdem für die strahlendste Schönheit, und man sagte ihr nach, daß Kardinäle, Soldatenführer und andre rohe Leuteschinder sich von ihr nur so um den Finger wickeln ließen.«

In Balzacs pikanter Erzählung schafft es ein armer, aber schlauer Pfarrer, ins Gemach der Imperia vorzudringen:

»Er schlug durchaus nicht die Augen nieder vor all den enthüllten Heimlichkeiten, wie etwa diesem aufgelösten üppigen Haar, das über den Rücken niederfloß, der schimmerte wie poliertes Elfenbein und zwischen den dunklen welligen Strähnen wollüstig aufleuchtete. Sie trug auf der schneeweißen Stirn einen geschliffenen Rubin, der aber weniger Feuer ausstrahlte und Blitze warf als ihre schwarzen Augen, in denen die Lachtränen schimmerten.«

Letzten Endes verliebt sich die hochmütige Dame in den einfachen Pfarrer und schlägt die Avancen der Bischöfe und Kardinäle aus. Bildhauer Peter Lenk verewigte Imperia 1993 in einer Betonskulptur am Konstanzer Hafen. Die Statue mit dem entblößten Dekolleté, die zwei nackte Zwergenmännlein – einen König und einen Papst – auf ihren Handflächen balanciert, sorgte zunächst für Proteste. Heute gilt sie als Wahrzeichen der Stadt.

Auch Gegenpapst Johannes XXIII. soll den leichten Damen nicht abgeneigt gewesen sein. Wie es ihm weiter erging, ist ebenfalls in der Chronik zu sehen. Um seiner Absetzung durch das Konzil zu entgehen, floh er kurzerhand, als Knappe verkleidet, aus Konstanz. Richental stellte ihn diesmal zu Pferd dar, gehüllt in ein einfaches schwarzes Gewand. Die Verbündeten König Sigismunds nahmen den Geistlichen jedoch bei Freiburg fest. Sie hielten ihn mehrere Jahre in verschiedenen Festungen gefangen, unter anderem im Heidelberger Schloss.

Papst wurde übrigens keiner der drei, die sich um den Stuhl Petri gestritten hatten. Die Konstanzer wählten Martin V., der die katholische Kirche ab 1429 alleine führte.

Homer hält Wache

Suso-Bibliothek in Konstanz

»Das ist ja wie Hogwarts«, entfährt es Schülern des Suso-Gymnasiums, wenn Lehrer Arnd Rummler zum ersten Mal vor ihnen die Eisentür zur Bibliothek öffnet. In der Tat erinnert vieles in dem Raum an die Zaubererschule aus den Harry-Potter-Geschichten: Bücherregale über mehrere Etagen, verwinkelte Gänge, in denen sich uralte Lederbände stapeln, auf einem Sockel die schneeweiße Büste des altgriechischen Dichters Homer. Diese kaum bekannte Schatzkammer ist eine der spektakulärsten Schulbibliotheken Deutschlands.

Alles begann mit der Idee vom Priesterseminar in Konstanz. Der 1589 verstorbene Generalvikar und Domherr Theodorich Greiß hatte seine Privatsammlung von 300 Werken testamentarisch dieser Ausbildungsstätte für katholische Pfarrer vermacht, die jedoch nie zustande kam. Stattdessen bildeten Greiß' Bände den Grundstock für die Schulbibliothek der Jesuiten, die 1604 ein Kolleg neben dem Münster gründeten. Als der Papst den Jesuitenorden 1733 weltweit verbot, lagen im Konstanzer Kolleg bereits 11.511 Bücher. Die Bildungsstätte wurde zum Österreichischen Kaiserlich-Königlich-Akademischen Gymnasium umfunktioniert, 1806 zum Großherzoglich-Badischen Lyzeum. 1911 zog die Einrichtung in einen Neubau an der Neuhauser Straße, in dem die Sammlung einen eigenen, dreistöckigen Raum bekam.

Heute stehen rund 35.000 Fach- und Sachbücher aus mehreren Jahrhunderten in den Schieberegalen. Bibliotheksbetreuer Arnd Rummler zeigt Schülern und angemeldeten Besuchern die schönsten unter den 80 Handschriften, etwa ein Konstanzer Graduale, ein Choralbuch für solistischen Gesang aus dem 12. Jahrhundert. Zudem schlummern hier 218 Inkunabeln, Frühdrucke vor 1500, darunter ein Traktat des Universalgelehrten Albertus Magnus, das der Ulmer Druckpionier Johannes Zainer 1474 herstellte. Auch der erste Atlas, der diesen Namen trug, veröffentlicht von Gerhard Mercator und gedruckt 1613, oder das reich illustrierte Kräuterbuch des Pfarrers und Botanikers Hieronymus Bock von 1565 sind Preziosen der Sammlung. Nicht fehlen darf das Büchlein der ewigen Weisheit des Mystikers Heinrich Seuse oder Suso, nach dem das Gymnasium 1948 benannt wurde. Im Untergeschoss finden Interessierte Klassenbücher und Schülerlisten, die bis ins Jahr 1777 zurückreichen.

Insel der Büchermönche

Museum Reichenau

»O wie schwer ist das Schreiben: Es trübt die Augen, quetscht die Nieren und bringt zugleich allen Gliedern Qual! Drei Finger schreiben, der ganze Körper leidet.« Die Klageworte eines Mönches aus dem 8. Jahrhundert zieren eine Wand im Museum Reichenau. Das Verfassen, Kopieren und Illustrieren von Texten auf Pergament war nicht nur mühsam zu jener Zeit, sondern überdies nur wenigen geläufig. Lediglich Klöster wie der 724 gegründete Konvent auf der Bodenseeinsel Reichenau fertigten Bücher an. Seit 2000 ist die »reiche Au« mit ihren Kirchen, Abteien und Gemüsefeldern Weltkulturerbe. Die Ausstellung im Hauptort Mittelzell erinnert an das Kloster, das bis 1757 bestand, sowie an Persönlichkeiten wie den dichtenden Abt Walahfrid Strabo und sein berühmtes Gartenbuch.

Wer das Museum betritt, fühlt sich in das Skriptorium versetzt, die mittelalterliche Schreibstube, in der das literarische Schaffen der Mönche auf der Reichenau von 800 bis 1100 seinen Höhepunkt erfuhr: Gänsefedern liegen aufgereiht neben Dornen und Schlehenrinden, aus denen Tinte gewonnen wurde. Im Skriptorium herrschte Aufgabenteilung. Die Schreiber kopierten die biblischen oder liturgischen Texte, die Rubrikatoren versahen sie mit filigranen farbigen Überschriften und Initialen, die Miniaturmaler illustrierten sie. Auch die Grundstoffe der Malfarben sind im Museum ausgestellt: Einfach zu beschaffen waren beispielsweise Eierschalen, große Anstrengungen unternahmen die Benediktinermönche hingegen, um Safran, Indigo, Goldpulver oder das giftige Auripigment zu erlangen. Die Ergebnisse konnten sich mehr als sehen lassen, wie Nachdrucke weltberühmter Reichenauer Handschriften zeigen.

Eine von ihnen ist die *Bamberger Apokalypse*, eine Darstellung der biblischen Offenbarung des Johannes, entstanden zwischen 1000 und 1020. Die illustrierte Seite, die den Besuchern präsentiert wird, zeigt die Vision von der Hure Babylon, einer Frauengestalt im Kaisermantel, die auf einem siebenköpfigen Drachen thront. Das Werk, das im Original in der Bamberger Staatsbibliothek lagert und als UNESCO-Weltdokumentenerbe deklariert ist, entstand zur Blütezeit des Reichenauer Skriptoriums. In der Schaffensperiode der sogenannten Liuthar-Gruppe – benannt nach

Nachdrucke der Werke aus der Reichenauer Schreibstube im Museum Reichenau

dem Schreibermönch Liuthar – beherbergte die Abtei eine der gefragtesten Malerschulen Europas.

Die geschickten Ordensbrüder produzierten Bücher nicht nur für den klostereigenen Bestand, sondern auch für die Reichen und Mächtigen: Für Otto III., Kaiser des Heiligen Römischen Reichs, fertigten sie um 1000 ein Evangeliar, das sich heute in der Bayerischen Staatsbibliothek in München befindet. Im Museum sind daraus eine Darstellung der Taufe Jesu im Jordan sowie auf der gegenüberliegenden Seite die Verführung Jesu durch den Satan zu sehen. Ottos Nachfolger Heinrich II. gab auf der Reichenau unter anderem ein Perikopenbuch mit liturgischen Texten für die einzelnen Tage im Kirchenjahr in Auftrag. Präsentiert sind Abendmahl und Fußwaschung, die Perikope zum Gründonnerstag.

Der von Walahfrid Strabo inspirierte Kräutergarten beim Münster

Selbst der Vatikan war erpicht auf Bücher von der Reichenau. Wenn die Äbte des Inselkonvents nach Rom reisten, um sich vom Papst weihen zu lassen, so mussten sie im Gegenzug wertvolle Handschriften als sogenannten Reichenauzins mitbringen. Dieser betrug jeweils ein Sakramentar, ein Epistolar und ein Evangelistar – und obendrein zwei Schimmel.

Die Museumsabteilung zur Geschichte der Abtei zeigt ihren Weg zu einem der bedeutendsten Klöster Europas. 724 hatte sie der Wanderbischof Pirmin auf dem damals unbewohnten, unwirtlichen Eiland gegründet. Die Legende besagt, dass er zunächst drei Tage lang Frösche, Kröten und Schlangen verscheuchte, danach Disteln und Sträucher aushacken ließ, um schließlich ein Haus des Herrn zu errichten.

Der berühmteste seiner Nachfolger, Walahfrid Strabo (um

808–849), brachte es sogar zu literarischem Ruhm. Der Mönch, der als Kind im Kloster aufwuchs, nannte sich selbst wegen einer Sehschwäche Strabo, der Schielende. Als sein Abt und Lehrmeister Wetti im Sterben lag, stand der 18-Jährige am Totenbett und zeichnete auf Lateinisch Wettis Jenseitsvision auf. Die kraftvolle, lyrische *Visio Wettini* inspirierte viele spätere Künstler – wohl auch Dante Alighieri zu seiner *Göttlichen Komödie*.

Als Erzieher am kaiserlichen Hof in Aachen verzehrte sich Strabo vor Heimweh nach der Reichenau, die er in einem Gedicht »selige Insel« und »Fels der Liebe« nannte. Er schuf noch mehrere Versdichtungen. In Erinnerung geblieben ist vor allem sein *Liber de cultura hortorum* von 840, bis heute bekannt als *Hortulus*, das Gärtlein. In 444 lateinischen Hexametern schilderte Strabo 24 Pflanzen, die im Klostergarten wachsen: wie sie aussehen, wie sie wirken, wie sie in Küche, Heilkunst und zum Färben verwendet werden können. Diese früheste mittelalterliche Garten- und Pflanzenbeschreibung liest sich noch heute hochpoetisch. Besucher des Museums können sich davon beim Durchblättern des digitalisierten Buchs an einem Computer überzeugen. Übersetzt ins Deutsche lautet eine Passage: »Liebstöckel, kräftiges Kraut, dich zu nennen im duftenden Dickicht, heißt mich die Liebe, mit der ich im Gärtchen alles umfasse.«

Später tat sich auf der Reichenau ein weiterer großer Gelehrter hervor. Hermann der Lahme (1013–1054), der an einer schweren körperlichen Behinderung litt, machte als naturwissenschaftlich-technisches Genie von sich reden. Er dozierte über den Gebrauch des Abakus, verfasste ein Handbuch für die Zeitrechnung und eine Weltchronik, erfand sogar eine eigene Notenschrift. Wie die Gesänge der Reichenauer Mönche zu Hermanns Zeiten geklungen haben könnten, vermitteln in der Ausstellung moderne Choraufnahmen an einer Audiostation.

Neben der Historie der Abtei werden auch die Bürgergeschichte, Fischerei, der Weinbau und das Brauchtum auf der Reichenau vorgestellt. Nur wenige hundert Meter vom Museum entfernt, zwischen dem romanischen Münster Mittelzell mit seiner Schatzkammer und dem Reichenauer Yachthafen, hat die Gemeinde 1991 einen Kräutergarten nach historischem Vorbild und Strabos *Hortulus* angelegt. Im Schatten der alten Klostermauern gedeihen in 16 Beeten unter anderem Muskateller Salbei, Schwertlilie und Eberraute. Tafeln erklären die Kräuter, Führungen bringen das uralte Wissen um ihre Heilkräfte näher.

MVSEUMS - CAFE

Leseglück wie in Santiago

Museumscafé Reichenau

Wenn es auf der Insel der Reichenau stürmt und schüttet, ist das Museumscafé ein heimeliger Rückzugsort. Im Hauptort Mittelzell findet es sich zwischen dem romanischen Münster St. Maria und Markus mit seiner Schatzkammer und dem Museum Reichenau mit seinen uralten Handschriften. Zu erkennen ist das Café schon allein an den Büchern, die in allen Fenstern stehen – noch mehr, nämlich 4.000 an der Zahl, sind im Inneren aufgestellt: Literaturfreunde dürfen bei einer Tasse Kaffee in den Bänden schmökern, sie ausleihen oder gegen Mitgebrachtes tauschen.

Dass es das urige Lesecafé auf der Klosterinsel gibt, liegt an einem Erlebnis, das sich vor etlichen Jahren mehr als 12.000 Kilometer entfernt zugetragen hat: In seiner Heimatstadt Santiago de Chile bummelte der damals 14-jährige Patricio García durch die Gassen. »Plötzlich habe ich durch ein Fenster diese wunderbare Buchhandlung gesehen, wo man in Sofas sitzen und lesen konnte – das ist immer in meinem Kopf geblieben«, erinnert sich García heute.

Den Traum eines eigenen Büchercafés machte er wahr, als er 2010 der Liebe wegen nach Deutschland zog. Die Reichenau übt einen besonderen Zauber auf ihn aus. »Wenn in Amerika etwas als alt bezeichnet wird, ist es aus dem 18. Jahrhundert, hier auf der Reichenau finden sich Geschichte, Gebäude und Bücher, die mehr als 1.000 Jahre alt sind.«

Die vielen Bände im Café haben Gäste im Lauf der Jahre geschenkt. Fündig wird jeder. »Am meisten fragen die Gäste nach philosophischen Werken, Krimis, modernen Romanen und den Werken von Thomas Mann«, verrät García. Er selbst empfiehlt lateinamerikanische Literatur – etwa vom kolumbianischen Literaturnobelpreisträger Gabriel García Márquez – oder Justizthriller von John Grisham. Eben das, was er selbst am liebsten liest.

Natürlich können Besucher in der gemütlichen Wohnzimmeratmosphäre einfach nur die Anwesenheit Tausender Bücher auf sich wirken lassen, Tee, Kuchen und leichte Mittagsgerichte genießen, sich unterhalten oder Schach spielen. Regelmäßig lädt García in sein Café – das inzwischen auch eine Dependance in Allensbach am Bodensee-Nordufer besitzt – zu Lesungen, Ausstellungen und Weinproben ein.

46

Abenteurer in der Fremde

Mühlenwegmuseum Allensbach

»In der Eile sind Fehler.« Wer im Mühlenwegmuseum Allensbach einen Glückskeks kauft, könnte diesen Spruch darin finden. Er klingt wie eine uralte fernöstliche Weisheit, ist aber ein Zitat Fritz Mühlenwegs (1898–1961) – Asienkenner, Reisender, Schriftsteller und Maler vom Bodensee.

Der Sohn eines Konstanzer Drogisten, der in Büchern wie *In geheimer Mission durch die Wüste Gobi* von seinen Mongoleiexpeditionen berichtet, lebte von 1935 bis zu seinem Tod in Allensbach. Besucher des Museums im Obergeschoss des Bahnhofs erfahren nicht nur eine Menge über den Reiselustigen. Sie lernen auch Hirten und ihre Kamele, Bräuche und Verständigungsprobleme kennen. Und sie werden mit Mühlenweg übereinstimmen, dass man dem Fremden am besten mit Unvoreingenommenheit, Humor, Respekt und Gelassenheit entgegentritt.

Sechs Räume erzählen von Mühlenwegs Kindheit, seiner Flucht aus Kriegsgefangenschaft im Ersten Weltkrieg, mehreren Expeditionen, seinen Büchern, die nach dem Zweiten Weltkrieg erschienen, seinen Diavortragsreisen durch ganz Deutschland und seiner Freundschaft zum Maler Otto Dix. In Schubladen und Vitrinen verstecken sich seine Reiseschreibmaschine, die Skier, die er in die Wüste Gobi mitnahm, Notizen und Briefe. Fotos zeigen den Autor, seine Frau – die Malerin Elisabeth, geborene Kopriwa – und ihre sieben Kinder.

An den Stationen einer interaktiven Landkarte können Besucher sich von Mühlenweg selbst seine erste große Expedition von 1927 mit Tonaufnahmen erzählen lassen: In einem internationalen Forscherteam, angeführt von Entdecker Sven Hedin, legte der Kaufmann vom Bodensee in 15 Monaten 2.500 Kilometer von Peking bis Urumtschi zu Fuß und mit Kamelen zurück. Offiziell war Mühlenweg nur der Buchhalter der Forschungsreise. Seine Neugier ließ ihn aber ins Leben der Einheimischen eintauchen. Ein Dokumentarfilm zeigt Originalaufnahmen.

Neben den Gobi-Erlebnissen veröffentlichte Mühlenweg unter anderem Nachdichtungen aus der chinesischen Orakelschrift *I-Ging* und übersetzte das Bilderbuch *Der glückliche Löwe* von Louise Fatio aus dem Englischen. Das Museum beherbergt Manuskripte, Ausgaben und Übersetzungen seiner Werke: kunterbunte Jugendbücher, aber auch seriös gehaltene Neuauflagen für die wachsende Mühlenweg-Fangemeinde.

Reichenau

Wanderer im Bodenseenebel

Hesse-Museum Gaienhofen

Hermann Hesse und seine Frau Mia träumten von einem ruhigen, einfachen Leben in der Natur, als sie 1904 nach Gaienhofen am Bodensee zogen. *Peter Camenzind* machte es möglich: Dank der Einnahmen aus dem erfolgreichen Verkauf des Romans konnte Hesse seinen Beruf als Buchhändlergehilfe an den Nagel hängen und sein Glück als freier Autor versuchen.

In den acht Jahren auf der Bodenseehalbinsel Höri kamen die Söhne Bruno, Heiner und Martin zur Welt. An diesem Ort legte der sensible Dichter mit seinem zweiten Bestseller *Unterm Rad* und dem Musikerroman *Gertrud* den Grundstein für seine Weltkarriere als Schriftsteller. Zur Ruhe sollte er allerdings erst später kommen. Die Jahre auf der Höri nannte Hesse rückblickend seinen »Gaienhofener Umweg«. Diesen Namen trägt denn auch die Dauerausstellung des Hesse-Museums Gaienhofen im Untertitel.

Sie befindet sich im ersten Wohnhaus des Dichters in der Gemeinde. Glanzpunkt der modern aufbereiteten Schau ist der wuchtige Schreibtisch, an dem Hermann Hesse Gedichte, Erzählungen, Zeitschriftenbeiträge und Romankapitel zu Papier brachte. Der damals 27-Jährige ließ ihn von einem Münchner Schreiner anfertigen, als er mit seiner Frau Mia (1868–1963) gleich nach der Hochzeit von Basel auf die Höri umsiedelte. Zwar hätte sich der gebürtige Württemberger auch ein Familienheim in der Einsamkeit der Schwäbischen Alb vorstellen können, seine neun Jahre ältere Gattin suchte jedoch die Nähe zu ihrer Heimatstadt Basel. Dort betrieb die erfolgreiche Fotografin, geborene Maria Bernoulli, zunächst noch gemeinsam mit ihrer Schwester ein Atelier.

Die Hesses mieteten für jährlich 150 Mark ein Bauernhaus mit Seeblick am Dorfplatz von Gaienhofen – damals ein kleiner Fleck mit 300 Einwohnern. In dem Fachwerkgebäude sollte der Autor seine Faszination für das schlichte Landleben entdecken. Heutige Besucher können an Türrahmen, auf Fahnen, Tafeln und Abreißzetteln immer wieder Zitate aus seinem Prosatext *Beim Einzug in ein neues Haus* lesen. Die Liebeserklärung an die »erste legitime Werkstatt« seines Berufes hatte Hesse erst ein Vierteljahrhundert nach dem Umzug verfasst. In Themenräumen, überschrieben mit »Sesshaft auf Zeit«, »Traum vom Anfang«, aber auch »Ehe im Abseits« klärt das Museum anhand von Fotos, Dokumenten und kommentierten Textstellen, ob die Jahre am Bodensee für den späteren Literaturnobelpreisträger wirklich einen Umweg darstellten – oder eine Lehre für das Leben.

Nach schwieriger Jugend, Schulproblemen und einem frühen Selbstmordversuch freundete sich der naturbegeisterte und büchervernarrte Hesse im neuen Domizil zunächst mit seiner Rolle als sesshafter Familienvater an. Er jagte Mäuse im Haus und ruderte zum Einkaufen ins schweizerische Steckborn. Fast immer brachte er gekritzelte Skizzen und Gedichtfragmente von seinen Ausflügen mit. In der Stube schrieb er sie ins Reine. Die Ausstellung bewahrt als kostbare Leihgaben aus Hesses Besitz eine Schreibfeder und eine Schreibmaschine Typ *Smith Premier No 4* auf, sowie die Geige, die ihn nach Gaienhofen begleitete, seine Hanteln, seine Pfeife und einige seiner bibliophilen Bände von Autoren wie Friedrich Schiller, Eduard Mörike und Oscar Wilde. Das Herz seiner Wirkungsstätte, seinen Schreibtisch, hatte der Dichter minutiös entworfen und skizziert, bis zur zentimetergenauen Abmessung der Schubladen – das zeigt ein ausgestellter Brief an den Schreiner. Immerhin kostete das gute Stück 145 Mark und 90 Pfennige, fast so viel wie die gesamte Jahresmiete. Das wiederum verrät Hesses Haushaltungsbuch.

Während ihr Mann seine Gedanken niederschrieb, widmete sich Mia der Umwelt. Sie lichtete Gaienhofener Bauern bei der Ernte und Bodenseefischer auf ihren Booten ab. Die Künstlerin setzte als eine der ersten Berufsfotografinnen der Schweiz auf eine revolutionär neue Arbeitsweise: Statt steifer Posen fing sie Szenen aus dem Leben ein.

Fotos, Gemälde, Filmsequenzen und Schriftstücke erzählen, wie

Hesses Schreibmaschine im Museum Gaienhofen

Hesses 1905 ihren ersten Sohn Bruno in die Arme schlossen, wie der Plan reifte, ein eigenes Heim zu bauen, wie die Familie ein Grundstück am Gaienhofener Ortsrand erstand, ein Schweizerhaus darauf errichtete und es im September 1907 bezog. Sie zeigen aber auch, wie Hermann Hesse dem vermeintlichen Familienidyll immer wieder entfloh, ein Nomadenleben auf Lesungen und Erholungskuren vorzog, schließlich mit einem Freund eine dreimonatige Reise nach Hinterindien unternahm, ins heutige Indonesien, Malaysia und Sri Lanka. Das Museum präsentiert die Reisekiste, die Gepäckliste und einen der Leinenanzüge, die sich der Asienfahrer beim Schneider anfertigen ließ.

Die Schau thematisiert die Einsamkeit der daheimgebliebenen Mia Hesse, ebenso das ständige Gefühl ihres Gatten, unbehaust zu sein. In einem Gedicht aus der Gaienhofener Zeit spiegelt die Naturstimmung am Bodensee sein Seeleneben wider, regt einen inneren Monolog an: »Seltsam, im Nebel zu wandern«, beginnt es. »Jeder ist allein«, endet es. Im Museum sind die Zeilen in Hesses Handschrift auf einer Wandtafel zu lesen. Zu hören ist ergänzend eine Audioaufnahme, auf der der Autor die Verse selbst rezitiert. Einzelgänger war Hesse, aber nicht allein. So besuchte ihn in Gaienhofen der junge Schriftsteller Stefan Zweig (1881–1942) und stieß sich prompt an der niedrigen Tür des Bauernhauses den Kopf. Zudem pflegte Hesse Freundschaften zu kreativen Persönlichkeiten der Umgebung, etwa den Malern und Grafikern Max Bucherer (1883–1974) und Otto Blümel (1881–1973).

Dass Hesse längst nicht der einzige Künstler auf der Höri war, zeigt der benachbarte Teil des Museums, untergebracht im ehemaligen Schul- und Rathaus der Gemeinde. Er widmet sich zahllosen Literaten und bildenden Künstlern, die auf der ländlichen Halbinsel Muße und südliches Licht, oft einen Rückzugsort oder Unterschlupf vor politischer Verfolgung fanden. So wie Maler Otto Dix (1891–1969), von dem neben weiteren Werken ein Selbstporträt gezeigt wird. Er zog 1936 ins abgelegene Hemmenhofen, nachdem die Nazis ihn als »entartet« diffamiert hatten. Der expressionistische Maler Erich Heckel (1883–1970) siedelte 1944 ebenfalls nach Hemmenhofen um und schuf das verträumte Gemälde *Dorf am See*.

Aus Wangen auf der Höri stammte der jüdische Dichter Jacob Picard (1883–1967), der zum Chronisten des jüdischen Landlebens seiner Heimat wurde. Er floh 1940 aus Nazideutschland in die USA und kehrte erst 1965 an den Bodensee zurück. Vor den Kriegsbomben auf Hamburg flüchtete Hans Leip (1893–1983). Der Autor hatte den Text zum Evergreen *Lili Marleen* verfasst.

Dichters Gartenträume

Hermann- und Mia-Hesse-Haus in Gaienhofen

Ein kleines Paradies zeugt von Hermann Hesses Gartenlust. Der Autor und seine Frau Mia legten in Gaienhofen auf der Halbinsel Höri 1907 eine grüne Oase rund um ihr erstes Eigenheim an. Die Biologin Eva Eberwein kaufte 2003 das vom Abbruch bedrohte Anwesen und erweckte es zu neuem Leben. Heute führt sie angemeldete Besucher durch Garten und Haus, das sie und ihre Familie bewohnen. In allen liebevoll gestalteten Räumen gibt es Geschichten zu erzählen: über den aufstrebenden Autor Hermann Hesse und die unabhängige Fotokünstlerin Mia, den gemeinsamen Traum vom freien Leben mit der Natur, aber auch über das Scheitern einer schwierigen Beziehung.

1907 kauften die Hesses das Grundstück mit Bodenseeblick für 30.000 Reichsmark. Nach kurzer Bauzeit stand die Villa mit acht Zimmern, Wasserleitung und Badeofen: im Vergleich zur zugigen vorherigen Behausung im Ortskern ein echter Luxus. Geplant hatte das Domizil vor allem Mia. Ihr Mann entwarf nur sein Studierzimmer. Und er skizzierte auf Papier seinen ersten eigenen Garten. Zahllose Briefe, Gedichte und Prosatexte Hesses sind Liebeserklärungen an das Gaienhofener Kleinod. Hier durfte der Vegetarier mit Selbstversorgung experimentieren, den Kreislauf von Säen und Ernten spüren, Nachhaltigkeit und Langsamkeit erleben. In einem ausgesuchten Veranstaltungs-, Lesungs- und Workshop-Programm erfahren heutige Besucher alles über den liebevoll wieder angelegten Dichtergarten, lernen alte Nutzpflanzen kennen und können sogar Hesses geliebten Sauerampferpudding nachkochen.

Ein Raum im Haus ist mit Schwarz-Weiß-Aufnahmen dekoriert. In diesem Zimmer hatte sich Mia ein Fotoatelier eingerichtet. Doch das geringe Interesse der Höri-Bewohner an künstlerischen Porträts und die vielen Aufgaben der bereits zweifachen Mutter machten ihre Pläne zunichte.

Hesse unterdessen brach aus dem Familienleben aus. Aus Briefen, der Erzählung *Philisterland* und dem Roman *Roßhalde*, die hier entstanden, geht hervor: Er wollte lieber Nomade als Bauer sein. Der Einzelgänger ging auf Lesetouren und Kuren, unternahm sogar eine Indienreise. Die Einsamkeit erdrückte Mia. Kurz nach der Geburt des dritten Sohnes Martin verkauften beide das Haus und zogen 1912 nach Bern, wo sich ihre Wege bald trennen sollten.

Der Mystiker vom Bodensee

Suso-Haus in Überlingen

Was Heinrich Seuse (1295–1366), der Mystiker vom Bodensee, schrieb, klingt noch immer aktuell: »Ein gelassener Mensch soll nicht allzeit darauf achtsam sein, wessen er bedürfe, er soll darauf sehen, wessen er entbehren kann.«

Suso – so nannte sich der Dominikanermönch latinisiert – empfahl in seinem *Büchlein der ewigen Weisheit* und anderen auf Deutsch verfassten Werken Gelassenheit und innere Einkehr als Mittel, Gott nahe zu sein. Wann immer möglich, solle der Mensch Orte der Ruhe aufsuchen. Solch ein Ort soll heute das Suso-Haus in Überlingen sein. Das Kulturzentrum ist, so der Wunsch der Initiatoren, eine Stätte der Begegnung, Kreativität und Stille. Bei Lesungen, Schreibkursen, philosophischen Frühstücksgesprächen, Ausstellungen und Konzerten sollen Besucher Suso'sche Gelassenheit erfahren.

Ob Seuse wirklich in diesem Gebäude zur Welt kam, ist unklar. Als möglicher Geburtsort gilt auch Konstanz, wo der Geistliche viele Jahre lang im Kloster lebte. Seine Mutter Mechthild jedenfalls bewohnte das Überlinger Haus. Seuse, der am Bodensee und in Köln als Schüler des Mystikers Meister Eckhart wirkte, wurde für seine spirituellen Gedanken noch lange nach seinem Tod verehrt. 1831 sprach ihn der Papst selig.

Bereits 1900 richteten Verehrer im Suso-Haus eine Gedenkstätte ein. 2007 gründete sich ein Verein und ließ die vergessene Stätte restaurieren. Heute leiten Michael Stoll, Musiker und Dichter, und seine Frau Birgit das 2010 wiedereröffnete Zentrum. Bei Veranstaltungen oder auf Anmeldung begeben sich Gäste auf Susos Spuren: Sie betreten den Gedenkraum, der um 1900 nach dem Vorbild der Schreibstube Susos eingerichtet wurde – mit dunkler Holzvertäfelung, Butzenscheiben, Ofen und thronähnlichem Stuhl. Noch näher kommen sie dem Mystiker vielleicht in den anderen, spartanisch und neu gestalteten Räumen, wie der ehemaligen Hauskapelle, der Bibliothek, dem Lesungssaal oder im Garten der Stille. Das Herzstück des Gebäudes bildet der Quellturm – eine Kunstinstallation, die sich über vier Stockwerke erstreckt. Besucher können Wasser, das aus einer Sickerquelle im Keller tritt, im Dachgeschoss in eine Öffnung füllen. Es sickert durch Aussparungen in den Decken, rinnt über Skulpturen in allen Etagen und kommt wieder im Keller an.

50

Auferstanden aus der Asche

Kloster und Schloss Salem

»Salem« bedeutet Ort des Friedens. Die Zisterziensermönche, die sich im 12. Jahrhundert nahe der Siedlung Salemanneswilare niederließen, tauften ihr neues Kloster auf diesen Namen. Friedliche Ruhe strahlt das weitläufige Areal der ehemaligen Abtei und späteren Residenz noch immer aus. Leben bricht aber über die Stille herein, wenn Rockgruppen beim Open-Air im Schlosshof aufspielen, an der berühmten Schule gerade Unterrichtsschluss ist oder Touristengruppen durch die barocke Anlage mit Irrgarten, Museen und sehenswerter Bibliothek flanieren.

Überall auf dem Areal finden sich Spuren der Zisterzienser. Der Orden aus dem Burgund, der ein Leben des Gebets, der Lesung und der Arbeit führt, unterhielt zu seiner Blütezeit im Mittelalter mehr als 700 Klöster europaweit. Salem, das nur dem Kaiser und dem Papst unterstand, war eines der reichsten und mächtigsten im Umkreis. Was die Ordensgemeinschaft außer dem Gebet beschäftigte, zeigt ein noch erhaltener Ofen von 1733 im ehemaligen Speisesaal des Konvents: Auf bemalten Kacheln sind Mönche und Laienbrüder beim Fischen im Bodensee, beim Rebenschneiden im Weinberg und auf der Baustelle eines Klosters zu sehen. Die Abtei war ein kleines Wirtschaftsimperium: Sie verfügte über Besitztümer am Bodensee, in Oberschwaben, im Schwarzwald und auf der Schwäbischen Alb.

Doch auch die Gelehrsamkeit stand hoch im Kurs: In ihrem Skriptorium, der Schreibstube, kopierten die weißen Mönche christliche Literatur und illustrierten sie liebevoll. Typisch für die Salemer Buchmalereien sind farbenprächtige Ranken und Blütenmuster, mit denen die Texte geschmückt wurden. Unter Eberhard von Rohrdorf, Abt von 1191 bis 1240, erlebte die Salemer Malerschule einen Höhepunkt. Rund 50 Handschriften aus dieser Zeit sind erhalten. So findet sich in der Heidelberger Universitätsbibliothek die kunstvolle Salemer Abschrift des Codex *Scivias*, zu Deutsch »Wisse den Weg«. In ihrem ersten Werk beschrieb die Mystikerin Hildegard von Bingen (1098–1179) ihre Visionen. Sie selbst ist persönlich in dem um 1200 in Salem entstandenen Band abgebildet – mit Griffel und Wachstafel in den Händen. Ab 1611 besaß die Abtei als eines der ersten deutschen Zisterzienserklöster eine eigene Druckpresse, mit der die Brüder Gebet- und Gesangbücher herstellten.

Die Katastrophe brach in der Nacht vom 9. auf den 10. März 1697 über Salem herein: Ein Ofen explodierte in einer Wachstube und verursachte ein Großfeuer. Der Brand zerstörte einen großen Teil der Klosteranlage und die meisten Kunstschätze. Auch die Handbibliothek des Abtes, in der sich eine unschätzbar wertvolle Ausgabe der Konstanzer *Richental-Chronik* befand, ging in Flammen auf. Die eigentliche Büchersammlung des Konvents aber überstand das Feuer. Verschont blieb auch das ab 1285 errichtete Münster – der drittgrößte gotische Kirchenbau im heutigen Baden-Württemberg nach Ulm und Freiburg. Frühe Löschspritzen und andere Apparaturen, mit denen sich die Zisterzienser vor weiteren Bränden wappneten, sind heute im Feuerwehrmuseum auf dem Gelände des Schlosses zu bestaunen. Finanziell ruiniert hatte die Katastrophe die Mönche offenbar nicht. Denn bereits wenige Wochen danach schlossen sie einen Vertrag mit dem Vorarlberger Baumeister Franz Beer, der das Kloster repräsentativ wiederaufbauen sollte. Die neu entstandenen barocken Anlagen wirkten bereits damals wie ein Schloss und können heute besichtigt werden.

Schloss Salem

Ein Höhepunkt ist der prunkvolle Kaisersaal mit seinen Statuen und Gemälden von Kaisern und Päpsten. Auch der Bibliothekssaal im Prälaturbau, der bei Führungen zugänglich ist, wurde zu dieser Zeit errichtet. Seine heutige Ausstattung erhielt er erst später, in den Jahren 1786 bis 1796. Ganz im Stil des Klassizismus ist der zweistöckige Raum unter dem flachen Gewölbe größtenteils in Weiß gestaltet. Die ehemals farbigen Stuckaturen des

Salemer Künstlers Franz Joseph Feuchtmayer wurden ebenso übertüncht wie einige der – heute wieder freigelegten – Deckenfresken mit Szenen aus der Bibel und der Geschichte der Abtei. Die zweite Etage umläuft ein Balkon mit filigranem Geländer. Auf Wandgemälden in der Bibliothek entdecken Betrachter zwei wichtige Salemer Äbte des 18. Jahrhunderts: Konstantin Miller, der die Abtei zur barocken Residenz ausbaute, und der auf Repräsentation erpichte Anselm II. Schwab, der die Wallfahrtskirche Birnau am Bodensee errichten und dem Salemer Münster einen später wieder abgerissenen Turm verpassen ließ. Schwab, dem Kritiker Verschwendung vorwarfen, investierte auch stattliche Summen in die Bibliothek. In Paris kaufte er um 1765 bibliophile Kostbarkeiten, wie Besitzeinträge und Kataloge zeigen.

Die Säkularisation bedeutete das Ende der Abtei: Das Kloster wurde offiziell zum Schloss und fiel an das Haus Baden, deren Mitglieder es in Teilen bis heute bewohnen. Seit 1920 ist es sogar das Hauptdomizil der adeligen Familie. Die mehrere Tausend Bücher aus der Konventsammlung verkauften die neuen Besitzer 1826/27 an die Heidelberger Universitätsbibliothek, die sie nach wie vor aufbewahrt.

Im Salemer Schloss ist dagegen 2006 das Kulturamt des Bodenseekreises mit seiner Kreisbibliothek eingezogen. Die Einrichtung sammelt Druckwerke zur Region und macht sie nach Anmeldung für Nutzer zugänglich. Zu ihren umfangreichen Beständen gehören ein Bodenseereiseführer von 1904 genauso wie Werke zur Geschichte der Zisterzienser und der von ihnen verwalteten Gebiete. Teil des Kreisarchivs ist die historische Landkapitel-Bibliothek Tettnang der Diözese Rottenburg: Mit ihren rund 5.000 Büchern, von denen die ältesten aus dem 17. Jahrhundert stammen, sind heute die Regale im klassizistischen Saal bestückt.

Die Kreisbibliothek verwahrt überdies das Archiv der berühmten *Schule Schloss Salem*. 1920 von Hausherr Max von Baden und dem Reformpädagogen Kurt Hahn gegründet, nutzt die Bildungsstätte die ehemaligen Klostermauern bis heute als ihren Hauptsitz. 600 Schülerinnen und Schüler aus aller Welt besuchen sie. Auch Berühmtheiten wie Monika und Golo aus der Literatenfamilie Mann und der englische Royal Prinz Philip drückten hier die Schulbank: Forscher, die sich mit diesen Persönlichkeiten beschäftigen, könnten in den Schulunterlagen fündig werden.

Schreiblust in Festungsmauern

Annette von Droste-Hülshoff auf Burg Meersburg

»Es glänzt wie Meersburg« – wer sich der mittelalterlichen Stadt mit dem Schiff nähert, kann die Redensart verstehen, die am gegenüberliegenden Bodenseeufer kursiert. Aus einem Gewimmel aus Dächern und bunten Fassaden ragt silbern schimmernd die Burg Meersburg hervor. Die Faszination für das lebhafte Treiben, den glitzernden See und das altehrwürdige Gemäuer teilte auch Annette von Droste-Hülshoff (1797–1848), die acht Jahre in der Festung lebte. Hier verfasste sie die tiefgründigen Gedichte in kraftvoller, ausgefeilter Sprache, die ihr einen Platz in der Weltliteratur sicherten. Hier blühte die Verhärmte auf – und hier starb sie schließlich.

Der Weg zum Domizil der Dichterin führt vom See durch die Unterstadt bergauf in die Oberstadt, durch enge Gassen, schließlich über eine schmale Holzbrücke in die Burg. In Deutschlands ältester durchgehend bewohnter Wehranlage können Geschichtsbegeisterte auf Entdeckungsreise gehen: In Gemächern, Turmkammern, Waffenhalle, Küche und Burgverlies finden sie historische Rüstungen, Harnische, Schwerter, Wappenschilde, Truhen und Folterwerkzeuge.

Drei ebenerdige Räume an der Westseite erinnern an Annette von Droste-Hülshoff, die dort wohnte und heimisch wurde. Und das, obwohl sie mit der Bodenseegegend zunächst gar nichts anfangen konnte. 1841 besuchte sie ihre Schwester Jenny und ihren Schwager, den Burgherren Joseph Freiherr von Laßberg (1770–1855), erstmals in Meersburg. Vorher hatte sie sich beklagt, »weder Zeit noch Lust« auf diese Reise zu haben: »Ich bin eine Stockmünsterländerin«, unterstrich sie ihre Abneigung gegen den Süden – die bald schwinden sollte.

»Gedächtniszimmer« heißt einer der drei Droste-Räume. Wandgemälde zeigen die Welt, aus der die lebenslang kränkelnde Dichterin an den Bodensee kam: das Münsterland mit seinen Backsteinbauten und Bauernfamilien, Mooren und Pferden. Dargestellt sind die verträumte Wasserburg Hülshoff bei Münster, auf der Annette von Droste-Hülshoff zur Welt kam und aufwuchs, sowie das Gutshaus Rüschhaus, der Witwensitz ihrer Mutter. Bereits als Siebenjährige beeindruckte die Tochter aus katholischem Adel damit, dass sie sich Stegreifgedichte für Gäste ersann. Später gab sie Konzerte auf dem Klavier. Weitere künstlerische Entfaltung ließ ihre strenge Mutter nicht zu, die alle Versuche der Tochter unterband, ihre Talente und ihren Freiheitsdrang auszuleben. So musste 1838 auch der erste Gedichtband von Annette von Droste-Hülshoff, der noch wenig Beachtung fand, anonym erscheinen. Statt von Autorenhonoraren lebte die Tochter vom Vermögen der Familie als Pensionärin.

Burg Meersburg

In Meersburg entdeckte die Mittvierzigerin bald, dass es mehr gab als das ereignislose Leben in Adelskreisen. Sie besuchte regelmäßig die Lesegesellschaft im Gasthaus Zum Bären. Beim Laientheater im Meersburger Rathaus schnupperte sie als Schauspielerin Bühnenluft. Im Süden Deutschlands könne man obendrein »in der Gegend umher galoppiren, um die schöne Landschaft mit Löffeln einzunehmen«, fand sie. Auch die Bibliothek ihres Schwagers Joseph von Laßberg faszinierte sie. Der Fürstlich Fürstenbergische Oberjägermeister hatte mehr als 22.000 Bücher auf seiner Burg zusammengetragen. Der passionierte Literaturforscher sammelte vor allem wertvolle mittelalterliche Handschriften in deutscher Sprache. 1815 hatte er mithilfe des Hauses Fürstenberg sogar die bekannte älteste Abschrift des Nibelungenliedes erworben, auch *Handschrift C* genannt.

Trotz aller Vorzüge: Nur halb so angenehm wäre Droste-Hülshoffs Aufenthalt auf der Meersburg verlaufen, wäre Levin Schücking nicht gewesen. Sie selbst hatte Laßberg den westfälischen Romancier als Bibliothekar vermittelt. Mit dem 17 Jahre Jüngeren unternahm die Autorin lange Spaziergänge, sie schrieb ihm Briefe und widmete ihm Verse – was sie allerdings stets vor ihrer Familie verheimlichte. Vor allem aber erfasste sie in Schückings Gegenwart eine regelrechte Schreiblust. Rund 60 Gedichte brachte sie alleine im Winter von 1841 auf 1842 zu Papier, als Schücking auf der Burg logierte.

Zum Arbeiten begab sie sich in den zweiten der heutigen Droste-Räume: in das kreisrunde rot getünchte Turmzimmer, in dessen Deckengebälk sich die Bodenseewellen spiegeln. Das südöstliche Fenster eröffnet den Blick auf die Schweizer Alpen, das nordwestliche auf den massiven Dagobertsturm als Mittelpunkt der Meersburg. Schücking unterstützte die Dichterin auch ganz konkret und vermittelte ihr Werk *Die Judenbuche* an den Stuttgarter Cotta-Verlag, der die realistische und hintergründige Mordnovelle 1842 publizierte. Derselbe Verlag veröffentlichte 1844 – ebenfalls auf Schückings Betreiben – ihre Gedichte, die im gemeinsamen Winter mit dem Romancier entstanden waren. Sie sollten der eigentliche literarische Durchbruch für Annette von Droste-Hülshoff werden. Zu diesem Zeitpunkt hatte Levin Schücking Meersburg freilich längst verlassen, geheiratet und eine Familie gegründet. Annette blieb, von zwei Aufenthalten im Münsterland unterbrochen, am Bodensee.

Das dritte Droste-Zimmer birgt einen Kachelofen, einen Liegestuhl, ein Schreibtischchen und ein Bett. An der Wand mit gestreifter Blümchentapete hängt ein Bildnis der Dichterin, das auf Grundlage einer Daguerreotypie entstand. Starr blicken ihre Augen ins Leere, der Mund ist schmerzverzerrt. In diesem Zimmer starb Annette von Droste-Hülshoff am 24. Mai 1848 mit 51 Jahren – wahrscheinlich an einer Lungenentzündung.

Ein kleiner Spaziergang ist es von der Burg zum sogenannten Fürstenhäusle am Stadtrand. Dieses Häuschen inmitten eines Weinbergs hatte Annette von Droste-Hülshoff 1844 bei einer Auktion für 400 Taler gekauft: Die Rebstöcke waren im Preis inbegriffen. Als Wohnsitz nutzte sie es nie, doch bei Spaziergängen ruhte sie sich hier aus. Jahrzehnte nach ihrem Tod gestaltete einer ihrer Neffen die Klause zum Ferienhaus um. Heute beherbergt das Gebäude ein kleines Museum mit Handschriften, Porträts der Familie und persönlichen Schreibutensilien. Zu sehen sind auch einige der Scherenschnitte mit filigranen Jagdszenen, welche die Dichterin selbst zum Zeitvertreib gefertigt hatte.

Heute ist manchmal eine Scherenschnittkünstlerin an der Meersburger Uferpromenade anzutreffen. Gewandet wie Annette von Droste-Hülshoff, im hochgeschlossenen Kleid und mit hochgesteckten Haaren, erinnert sie an die Westfälin, die am Bodensee ihre zweite Heimat gefunden hatte.

Vom verliebten Ekkehard

Scheffel-Pfad in Singen

Joseph Victor von Scheffel (1826–1886) – besser gesagt, seine Bronzestatue – blickt versonnen hinauf zu Singens Wahrzeichen: dem Hohentwiel, hierzulande »Hontes« genannt. Mit dem 686 Meter hohen ehemaligen Vulkan und seiner Festungsruine hatte sich der Schriftsteller einen geschichtsträchtigen Ort als Kulisse für seinen historischen Roman *Ekkehard* ausgesucht.

Auf einem Themenpfad können Literaturinteressierte in Singen den Spuren des einstigen Kultautors folgen und auf Tafeln einiges über ihn erfahren: etwa dass Scheffel 1854 sechs Wochen auf dem Hohentwiel logierte, um sich inspirieren zu lassen. In einer Sankt Galler Klosterchronik aus dem 10. Jahrhundert hatte er zuvor die Geschichte des Mönchs Ekkehard entdeckt. Der Ordensbruder war um 973 auf die Burg Hohentwiel gerufen worden, um die Herzogin von Schwaben Hadwig in Latein zu unterrichten.

Daraus entwickelte der Dichter den Mittelalterroman um den vergeistigen Ekkehard und seine unglückliche Liebe zur verwitweten Burgherrin Hadwig. Als Scheffel in Singen recherchierte, hatte ihm die 1854 veröffentlichte Verserzählung über den *Trompeter von Säckingen* bereits erste Meriten eingebracht. Er hatte den Juristenberuf ruhen lassen und versuchte als Literat sein Glück – mit Erfolg. Auch der 1855 erschienene und im Stil bewusst altertümlich gehaltene *Ekkehard* schlug ein. Bis zum Ende des Kaiserreichs erlebte der Liebesroman 284 Auflagen. 200 davon bewahren nebst Erstausgabe die Städtischen Bibliotheken Singen auf – ebenfalls eine der elf Stationen auf dem Scheffelpfad.

Eine weitere Station ist der ehemalige Gasthof Krone, wo sich Scheffel mit der gehobenen Singener Gesellschaft traf. Hierher kam der Dichter gerne zum Skatspiel, auch als er ab 1872, befremdet von der modernen Welt, seine letzten Lebensjahre zurückgezogen auf einem Schlösschen im nahen Radolfzell verbrachte.

Auch auf den Hohentwiel hinauf führt der Scheffel-Pfad, zur einstigen Ritterburg, die später zur württembergischen Landesfestung und zum Gefängnis wurde. Seit ihrer Zerstörung durch Napoleon 1801 ist sie eine Ruine. Wie Scheffel fasziniert heutige Besucher nicht nur das trutzige Gemäuer, sondern auch der weite Ausblick auf Bodensee und Alpen.

ALTE HOFBIBLIOTHEK

Vergangene Bücherpracht

Fürstlich Fürstenbergisches Archiv und Hofbibliothek

Ein Besuch der Schlossanlage an der Donauquelle in Donaueschingen ist eine Reise zu Relikten vergangener Bücherpracht. In seiner Residenz hatte das Haus Fürstenberg einst eine der bedeutendsten Büchersammlungen des deutschen Adels zusammengetragen. Der Bibliotheksbau aus den Jahren 1732 bis 1735 beherbergte kostbarste Stücke wie zwei Handschriften des Heldenepos *Parzival* von Wolfram von Eschenbach, mehrere Exemplare der Weltchronik des Rudolf von Ems und die älteste Abschrift des Nibelungenliedes. Nachdem die Fürsten den Bestand auflösten, sind vom früheren Glanz ein Adelsarchiv, eine Spezialbibliothek und ein Mitmachmuseum für Kinder übriggeblieben.

Die Grafen und späteren Fürsten von Fürstenberg sammelten selbst Bücher und kauften auch die Bestände anderer Adelshäuser und Klöster auf. Ein großartiger Fang gelang Fürst Karl Egon II. im Jahr 1853. Er erstand mehr als 11.000 wertvolle Bände aus dem Besitz des Freiherrn Joseph von Laßberg (1770–1865). Der in Donaueschingen geborene bibliophile Mittelalterforscher hatte sich auf mittelhochdeutsche Texte spezialisiert und auch die sogenannte *Nibelungenhandschrift C* besessen.

Karl Egon II. machte seine Büchersammlung öffentlich zugänglich, sein Nachfolger Karl Egon III. stellte den Schriftsteller Victor von Scheffel als Bibliothekar ein. 1860 löste Karl August Barack diesen ab. Barack publizierte erstmals 1867 die Familienchronik der Herren von Zimmern, ein unterhaltsames deutsches Geschichtswerk aus dem 16. Jahrhundert.

Ab den 1980er-Jahren verkaufte das Haus Fürstenberg den größten Teil seiner Bände, die in die Landesbibliotheken von Karlsruhe und Stuttgart, aber auch in Privatbesitz gelangten. Geblieben ist das Fürstlich Fürstenbergische Archiv im 1756 bis 1763 errichteten Nachbargebäude der einstigen Bibliothek.

Wer zu Adel, Regionalgeschichte oder den Donaueschinger Musiktagen forscht, kann in alten Dokumenten, Nachlässen der adeligen Familienmitglieder und rund 30.000 verbliebenen Werken stöbern. Der frühere Bibliotheksbau dagegen beherbergt heute das Kinder- und Jugendmuseum Donaueschingen, das spielerisch die Themen Natur, Technik und Mensch vermittelt. In einigen der historischen Bücherregale liegen Exponate zum Anfassen.

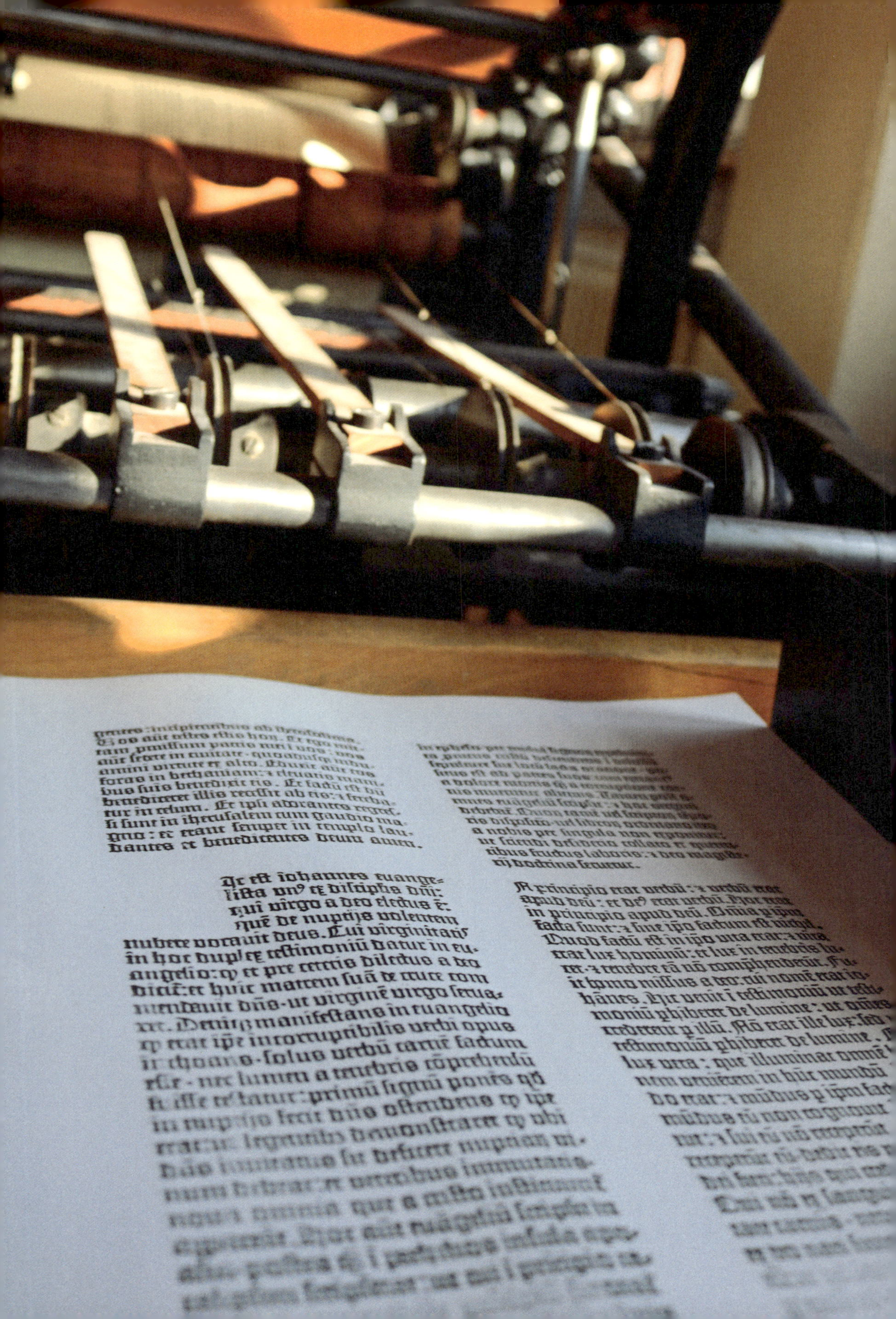

Blick in die Bücherwerkstatt

Museumsdruckerei Revellio in Villingen

Wo kommen eigentlich die Bücher her? Die Museumsdruckerei Revellio in Villingen verrät es. Das Familienunternehmen am Rand des Schwarzwaldes hütet eine außergewöhnliche Sammlung. Sie zeigt, wie sich die Aufgaben von Setzer, Drucker und Buchbinder entwickelt haben. Kein Wunder, denn bei Revellio wird seit 1837 bis zum heutigen Tag Gedrucktes hergestellt. Führungsteilnehmer erleben eine Reise durch die Geschichte.

In einer Vitrine lagern die alten Handvergolde-Werkzeuge des Unternehmensgründers Carl Revellio. Der Nachfahr von Einwanderern aus Savoyen begann 1837 mit einer Buchbinderwerkstatt in Hüfingen. Er fertigte Gebetbreviere und band die Gemeindeprotokolle in Leder, Leinen oder Moleskin, schuf Decken- oder Rückenschilder und marmoriertes Papier für Vorsatzblätter. Als Liberaler nahm Carl Revellio an der Badischen Revolution teil, was ihn nach deren Scheitern ins Gefängnis brachte und seinen Betrieb ruinierte. Doch sein Sohn Karl nahm die Arbeit wieder auf und begann, Bücher nicht nur zu binden, sondern auch zu drucken.

Generationen später, 1961, zog die Familie nach Villingen. Geschäftsinhaber war mittlerweile Ernst Revellio. Er baute die Museumsdruckerei auf und bewahrte so, was andernorts ausgemustert wurde: die Setzerei mit Lettern aus Blei und Holz, die Handbuchbinderei mit Heftlade, Stockpresse und Hebelschneidemaschine – vor allem aber die Geräte zum Bücherdrucken.

So bestaunen Besucher eine eiserne Kniehebel-Druckpresse von 1840, eine Schnellpresse Baujahr 1923/24, eine Heidelberger Tiegeldruckmaschine von 1956. Auch eine alte Linotype-Maschine, die den Setzvorgang einst beschleunigte, weil sie ganze Letternzeilen fabrizierte, ist ausgestellt. Daneben steht eines ihrer Nachfolgemodelle, die Diatype-Handfotosetzmaschine, deren Aufgaben heute wiederum längst Computer übernommen haben.

1994 beerbten Philipp und Mathias Revellio ihren Vater Ernst als Geschäftsführer. Das Museum ist Teil des Druckereibetriebs, der Bücher, Kalender, aber auch originell bedruckte Schwarzwälder Uhren fertigt. Mit der Lithografischen Presse von 1923 im Museum stellt der dritte Bruder, Paul Revellio, kreative Drucke her. Als Künstler ist er für seine Darstellungen der *Glotzer* berühmt: Figuren mit riesigen, kreisrunden Augen.

GLAUBEN
UND VERSTEHEN
SEIN UND ZEIT
MARTIN HEIDEGGER
5
7

Wege, Werke, Weltverstehen

Martin-Heidegger-Museum in Meßkirch

Vielleicht ist der geteerte Pfad, der sich vom Wald zum Meßkircher Hofgarten zieht, der ideale Ort, um Martin Heidegger (1889–1976) auf die Spur zu kommen. Der Philosoph widmete diesem Feldweg in seiner Heimatstadt 1953 einen gleichnamigen Text. Er erzählt darin, wie er als Jugendlicher auf einer Bank saß und die Bücher großer Denker las. Im Lauf der poetischen Betrachtung wird der Feldweg zum Sinnbild für etwas Größeres: Inmitten von Stille, Abgeschiedenheit und Natur wird das Eigentliche, das Sein, laut.

Der Weg führt zum Meßkircher Schloss und ins dort untergebrachte Martin-Heidegger-Museum, wo die philosophischen Gedanken nachklingen: An einer Audiostation können Besucher dem Originaltext über Kopfhörer lauschen – rezitiert von Heidegger selbst. Ein Schwarz-Weiß-Bild an der Wand zeigt den Feldweg zur Zeit des jungen Heidegger. Er war noch ein unbefestigter Pfad, der sich zwischen Kuhweiden auf die Türme und Renaissanceportale des Schlosses zu schlängelte.

Die Ausstellung zeichnet in drei Räumen das Leben des Denkers nach, der mit seinen Überlegungen zu Sprache, Sein und Existenz zu einem der wirkmächtigsten Philosophen des 20. Jahrhunderts wurde. Zugleich war er jedoch auch einer der umstrittensten Vertreter seines Fachs. Alleine das verglaste Regal mit den 100 hellbraunen Bänden seiner Gesamtausgabe nimmt fast die ganze Wand ein. Heidegger selbst hatte der Publikation das Motto »Wege, nicht Werke« verordnet. Dass Heideggers eigene Wege mitunter Irrwege waren, verschweigt das Museum nicht: Es thematisiert dessen teils unverhohlene Sympathien für den Nationalsozialismus.

Persönliche Gegenstände wie Heideggers Füller, Fotografien, Buchausgaben, Manuskripte von Vorlesungen sowie Zitate von Zeitgenossen führen detailliert durch Leben und Schaffen des Philosophen. Geboren in der tiefkatholischen badischen Landstadt, schien für den Sohn eines Küfermeisters und Mesners der Weg zum Priester vorgezeichnet. So schrieb er sich nach dem Abitur als Student der Theologie in Freiburg ein. Doch ihn plagten Zweifel. Er wandte sich vom katholischen Glauben ab, studierte Philosophie, Geistes- und Naturwissenschaften und schlug die akademische Laufbahn ein. Im Ersten Weltkrieg wurde Heidegger zum Militär eingezogen, musste wegen eingeschränkter Tauglichkeit aber nicht an der Front kämpfen.

Ab 1919 assistierte der junge Wissenschaftler am Freiburger Lehr-

Heidegger-Museum im Schloss Meßkirch

stuhl von Edmund Husserl, dem großen Vordenker der Phänomenologie. Eine der Preziosen im Museum ist eine goldene Taschenuhr, die der Professor seinem Zögling schenkte. 1923 berief die Universität Marburg den begabten Heidegger auf eine außerordentliche Professur. In Marburg begann eine extrem produktive Zeit: 1927 veröffentlichte er sein bahnbrechendes Werk *Sein und Zeit*. So unerhört Heideggers Gedanken über das Sein erschienen, das sich in der Zeitlichkeit erschließt, das In-der-Welt-Sein, die Geworfenheit – so schwer tun sich Laien bis heute, der Sprache des Philosophen zu folgen. Fast endlose Bindestrich-Wortschöpfungen einerseits und Begriffe wie »Zeug« und »Gestell« andererseits, die Heidegger offenbar der Alltagssprache Oberschwabens und des Schwarzwaldes entlehnt hatte, zeugen von seinem Bemühen, Sachverhalte präzise zu erfassen.

Auf Studenten allerdings muss Heidegger alles andere als unnahbar gewirkt haben. Das wird in den Worten der jüdischen Philosophin und späteren Begründerin der Totalitarismusforschung, Hannah Arendt, deutlich. Arendt, die mit dem 17 Jahre älteren, verheirateten Heidegger in den 1920er-Jahren eine heimliche Affäre verband und die lebenslang seine Briefpartnerin blieb, berichtete fasziniert über seine »einzigartige Weise des Unterrichtens«. Im Vergleich zu Husserl habe er keine Monologe gehalten, sondern seine Hörer intensiv einbezogen und zu Wort kommen lassen. Herbert Marcuse, Hans Jonas, Hans-Georg Gadamer und viele mehr: Die Liste von Heideggers Studenten liest sich wie das

»Who is who« der deutschen Philosophiegeschichte im 20. Jahrhundert.

Die Aura des Mannes mit dem Schnurrbart, der geschwungenen Nase und dem verschmitzt wirkenden Blick, den Zeitgenossen für seine geschliffen klaren Reden lobten, fingen darstellende Künstler ein. Im Museum sind unter anderem eine Serie von Bleistiftskizzen von Hans Wimmer und eine Porträtzeichnung von Otto Dix zu sehen.

1928 kehrte Heidegger als Lehrstuhlinhaber und Nachfolger des emeritierten Husserl nach Freiburg zurück. Die Plenarversammlung der Hochschule wählte ihn im April 1933 fast einstimmig zum Rektor. In seiner Antrittsrede zeigte Heidegger eine fatale Nähe zum frisch ernannten Reichskanzler Adolf Hitler. Er sah die Machtergreifung als antibürgerliche Revolution, sprach von der »Selbstbehauptung der deutschen Universität« und von der »abgelebten Scheinkultur«, die in sich zusammenstürze. Bereits ein Jahr später trat er wieder vom Rektorat zurück, blieb aber bis Kriegsende Mitglied der NSDAP. Danach erteilte ihm die französische Besatzungsverwaltung als Kollaborateur bis 1950 Lehrverbot.

Im Museum ist aus dem Briefwechsel mit dem Philosophen und Psychiater Karl Jaspers (1883–1969) aus der Nachkriegszeit zitiert. Jaspers, den die Nazis wegen seiner jüdischstämmigen Frau drangsaliert hatten, äußerte Befremden über die Anbiederung seines früheren Freundes beim Regime, von dem sich der mittlerweile zurückgezogen lebende Heidegger öffentlich nie vollständig distanzierte. In den Jahren nach dem Krieg wandte sich der Meßkircher Philosoph vermehrt Sprache, Kunst, Musik und Literatur zu. Speziell den Gedichten Friedrich Hölderlins widmete er ausführliche Betrachtungen.

Er pflegte aber auch Freundschaften und geistigen Austausch. Fotos im Museum zeigen ihn mit Weggefährten wie dem französischen Maler Georges Braques und dem spanischen Philosophen José Ortega y Gasset. Den israelischen Religionsphilosophen Martin Buber traf Heidegger 1957 in der Schweiz, mit dem spanischen Bildhauer und Maler Eduardo Chillida veröffentlichte er 1969 das Buch *Die Kunst und der Raum*. Eng waren Heideggers Verbindungen zu französischen Denkern und Literaten wie Jean Beaufret und René Char. Auch der Pariser Philosoph und Schriftsteller Jean-Paul Sartre griff Heideggers Ideen auf. Viele suchten den Denker an seinem Rückzugsort auf, der Schwarzwaldhütte in Todtnauberg.

1976 starb Martin Heidegger. In Meßkirch wurde er beigesetzt, sein Sohn Hermann verlas dabei Hölderlin-Gedichte. Den schlichten Grabstein für Martin Heidegger und seine Frau Elfride schmückt kein Kreuz, sondern ein kleiner Stern.

Adressen

Beitrag 1:
Universitätsbibliothek Heidelberg • Plöck 107–109 • 69047 Heidelberg • 0 62 21 / 54 23 80 • www.ub.uni-heidelberg.de

Beitrag 2:
Von der Alten Brücke führt ein steiler Pfad zum Philosophenweg • 69120 Heidelberg

Informationen zur Literaturstadt Heidelberg: UNESCO City of Literature/Kulturamt • Haspelgasse 12 • 69117 Heidelberg • 0 62 21 / 5 83 30 00 • www.heidelberg.de/cityofliterature

Beitrag 3:
Dokumentations- und Kulturzentrum Deutscher Sinti und Roma • Bremeneckgasse 2 • 69117 Heidelberg • 0 62 21 / 98 11 02 • www.sintiundroma.de

Beitrag 4:
Wolfsbrunnen • Wolfsbrunnensteige 13 • 69118 Heidelberg

Informationen erteilt der Freundeskreis Wolfsbrunnen • 0 62 21 / 4 34 37 77 • www.freundeskreis-wolfsbrunnen.de

Beitrag 5:
Benediktinerabtei Stift Neuburg • Stiftweg 2 • 69118 Heidelberg • 0 62 21 / 89 50 • www.stift-neuburg.de

Beitrag 6:
Reiss-Engelhorn-Museen • C5 (Museum Zeughaus) • 68159 Mannheim • 06 21 / 2 93 31 50 • www.rem-mannheim.de

Beitrag 7:
Automuseum Dr. Carl Benz • Ilvesheimer Straße 26 • 68526 Ladenburg • 0 62 03 / 18 17 86 • www.automuseum-ladenburg.de

Beitrag 8:
Stadtmuseum Sinsheim • Hauptstraße 92 • 74889 Sinsheim • 0 72 61 / 40 49 50 • www.stadtmuseum-sinsheim.de

Beitrag 9:
Buchmachermarkt Mosbach • Informationen bei der Großen Kreisstadt Mosbach, Stadtmarketing • Technisches Rathaus • Unterm Haubenstein 2 • 74821 Mosbach • 0 62 61 / 8 24 72 • www.buchmachermarkt.de

Beitrag 10:
Bücherei des Judentums • Klösterle, Obergasse 6 • 74722 Buchen • 0 62 81 / 56 05 61 • www.buecherei-des-judentums.de

Beitrag 11:
Burg Guttenberg • Burgstraße 1 • 74855 Haßmersheim-Neckarmühlbach • 0 62 66 / 3 88 (Burgmuseum) • www.burg-guttenberg.de

Beitrag 12:
Burg Hornberg • 74865 Neckarzimmern • 0 62 61 / 50 01 • www.burg-hornberg.de

Beitrag 13:
Badische Landesbibliothek • Erbprinzenstraße 15 • 76133 Karlsruhe • 07 21 / 1 75 22 21 • www.blb-karlsruhe.de

Beitrag 14:
Museum für Literatur am Oberrhein • Prinz-Max-Palais • Karlstraße 10 • 76133 Karlsruhe • 07 21 / 1 33 40 87 • www.literaturmuseum.de

Beitrag 15:
Melanchthonhaus • Melanchthonstraße 1 • 75015 Bretten • 0 72 52 / 9 44 10 • www.melanchthon.com

Beitrag 16:
Museum Johannes Reuchlin • Schloßberg 14 • 75175 Pforzheim • 0 72 31 / 39 37 79 • www.pforzheim.de

Beitrag 17:
Peter Kiefer • Buch- und Kunstauktionen • Steubenstraße 36 • 75172 Pforzheim • 0 72 31 / 9 23 20 • www.kiefer.de

Beitrag 18:
Historische Bibliothek der Stadt Rastatt • Lyzeumstraße 11 • 76437 Rastatt • 0 72 22 / 9 72 84 20 • www.historische-bibliothek-rastatt.de

Beitrag 19:
Baden-Baden Kur & Tourismus GmbH • Solmsstraße 1 • 76530 Baden-Baden • 0 72 21 / 27 52 06 • www.baden-baden.de

Stadtbibliothek mit Literaturmuseum • Luisenstraße 34 • 76530 Baden-Baden • 0 72 21 / 93 22 60 • www.baden-baden.de/stadtbibliothek/

Beitrag 20:
Heimat- und Grimmelshausenmuseum • Hauptstraße 32 • 77704 Oberkirch • 0 78 02 / 8 21 09 • www.oberkirch.de

Beitrag 21:
Simplicissimus-Haus Renchen • Hauptstraße 59 • 77871 Renchen • 0 78 43 / 7 07 11 • www.simplicissimushaus.de

Beitrag 22:
Informationen beim Nationalpark Schwarzwald • Schwarzwaldhochstraße 2 • 77889 Seebach • 0 74 49 / 92 99 80 • www.nationalpark-schwarzwald.de

Beitrag 23:
Hansjakob-Museum im Freihof • Hansjakobstraße 17 • 77716 Haslach im Kinzigtal • 0 78 32 / 47 15 • www.haslach.de

Beitrag 24:
Universitätsbibliothek Freiburg • Platz der Universität 2 • 79098 Freiburg • 07 61 / 2 03 39 18 • www.ub.uni-freiburg.de

Beitrag 25:
Uniseum Freiburg • Bertoldstraße 17 (Torbogen) • 79085 Freiburg • 07 61 / 2 03 38 35 • www.uniseum.de

Beitrag 26:
Literaturhaus Freiburg • Bertoldstraße 17 • 79098 Freiburg • 07 61 / 28 99 89 • www.literaturhaus-freiburg.de

Beitrag 27:
Buchhandlung zum Wetzstein • Salzstraße 31 • 79098 Freiburg • 07 61 / 3 39 99 • www.zum-wetzstein.de

Beitrag 28:
Park Hotel Post • Eisenbahnstraße 35–37 • 79098 Freiburg • 07 61 / 38 54 80 • www.park-hotel-post.de

Beitrag 29:
Deutsches Tagebucharchiv • Marktplatz 1 • 79312 Emmendingen • 0 76 41 / 57 46 59 • www.tagebucharchiv.de

Beitrag 30:
Endinger Büchermarkt • Informationen bei Wolfgang Koch • Im Winkel 8 – Katharinenhof • 79346 Endingen am Kaiserstuhl • 0 76 42 / 4 97 02 30 • www.endinger-buechermarkt.de

Beitrag 31:
Ehemaliges Kloster St. Peter • Geistliches Zentrum St. Peter • Klosterhof 2 • 79271 St. Peter • 0 76 60 / 91 01 12 • www.geistliches-zentrum.org

Beitrag 32:
Klosterbibliothek Oberried • Klosterplatz 3 • 79254 Oberried • www.klosterbibliothek-oberried.de

Beitrag 33:
Start- und Endpunkt des Martin-Heidegger-Rundwegs ist der Wanderparkplatz Radschert oberhalb von Todtnauberg.

Informationen bei der Touristinfo Todtnauberg • Kurhausstraße 18 • 79674 Todtnauberg • 0 76 52 / 12 06 85 30 • www.todtnauberg.de

Beitrag 34:
Literarische Ausstellung im Stubenhaus Staufen • Hauptstraße 54a • 79219 Staufen • 0 76 33 / 8 05 30 (Kulturreferat) • www.staufen.de

Fauststube im Löwen • Hauptstraße 47 • 79219 Staufen • 0 76 33 / 9 08 93 90 • www.loewen-staufen.de

Beitrag 35:
Literarische Dauerausstellung »Herzkammer der Heimat. Marie Luise Kaschnitz in Bollschweil und andernorts«

Kaschnitz-Zimmer im Rathaus • Hexentalstraße 56 • 79283 Bollschweil • 0 76 33 / 9 51 00

Beitrag 36:
Zum Salmen – Historisches Gasthaus und Schwanitz-Haus • Rheinstraße 20 • 79258 Hartheim am Rhein • 0 76 33 / 9 19 99 60 • www.salmen-hartheim.de

Beitrag 37:
Markgräfler Museum Müllheim im Blankenhorn-Palais • Wilhelmstraße 7 • 79379 Müllheim • 0 76 31 / 80 15 20 • www.markgraefler-museum.de

Beitrag 38:
Literarisches Museum Badenweiler Tschechow-Salon • Ernst-Eisenlohr-Straße 4 • 79410 Badenweiler • 0 76 32 / 79 93 00 • www.literaturmuseum-tschechow-salon.de

Beitrag 39:
Hebelhaus Hausen • Bahnhofstraße 1 • 79688 Hausen im Wiesental • 0 76 22 / 6 87 30 (Gemeinde) • www.hebelhaus-hausen.de

Beitrag 40:
Scheffel-Räume im Hochrheinmuseum • Schloss Schönau (Trompeterschlösschen) • 79713 Bad Säckingen • 0 77 61 / 22 17 • www.bad-saeckingen-tourismus.de

Beitrag 41:
Dreiländermuseum • Basler Straße 143 • 79540 Lörrach • 0 76 21 / 41 51 50 • www.dreilaendermuseum.eu

Beitrag 42:
Rosgartenmuseum • Rosgartenstraße 3–5 • 78462 Konstanz • 0 75 31 / 90 02 45 • www.rosgartenmuseum.de

Beitrag 43:
Suso-Bibliothek • Heinrich-Suso-Gymnasium Konstanz • Neuhauser Straße 1 • 78464 Konstanz • 0 75 31 / 6 62 78 • www.suso.schulen.konstanz.de

Beitrag 44:
Museum Reichenau • Ergat 1 und 3 • 78479 Reichenau • 0 75 34 / 99 93 21 • www.museumreichenau.de

Beitrag 45:
Museumscafé Reichenau • Ergat 5 / Mittelzell • 78479 Insel Reichenau • 01 63 / 4 89 79 16 • www.cafe-reichenau.de

Beitrag 46:
Mühlenwegmuseum Allensbach • Konstanzer Straße 12 • Im Bahnhof • 78476 Allensbach • 0 75 33 / 8 01 35 • www.mühlenwegmuseum.de

Beitrag 47:
Hesse-Museum Gaienhofen • Kapellenstraße 8 • 78343 Gaienhofen • 0 77 35 / 44 09 49 • www.hesse-museum-gaienhofen.de

Beitrag 48:
Hermann- und Mia-Hesse-Haus • Hermann-Hesse-Weg 2 • 78343 Gaienhofen • 0 77 35 / 44 06 53 • www.hermann-hesse-haus.de

Beitrag 49:
Suso-Haus – Neue Mystik im Dialog e. V. • Susogasse 10 • 88662 Überlingen • 0 75 51 / 9 47 13 19 • www.susohaus.de

Beitrag 50:
Kloster und Schloss Salem • Schlossbezirk • 88682 Salem • 0 75 53 / 9 16 53 36 • www.salem.de

Beitrag 51:
Burg Meersburg • Schlossplatz 10 • 88709 Meersburg am Bodensee • 0 75 32 / 8 00 00 • www.burg-meersburg.de

Beitrag 52:
Informationen im Rathaus der Stadt Singen Kulturbüro • Hohgarten 2 • 78224 Singen • 0 77 31 / 8 50 • www.singen-kulturpur.de

Beitrag 53:
Fürstlich Fürstenbergisches Archiv und Hofbibliothek • Haldenstraße 3 • 78166 Donaueschingen • 07 71 / 22 96 77 560 (Archiv) • 07 71 / 22 96 77 561 (Bibliothek) • www.haus-fuerstenberg.de/kultur-museen-archiv-und-bibliothek

Beitrag 54:
Museumsdruckerei Revellio • Karlsruher Straße 20 • 78048 Villingen-Schwenningen • 0 77 21 / 89 80 14 • www.revellio.de/historie/museumsdruckerei

Beitrag 55:
Martin-Heidegger-Museum • Schloss Meßkirch • Kirchstraße 7 • 88605 Meßkirch • 0 75 75 / 2 06 46 • www.schloss-messkirch.de

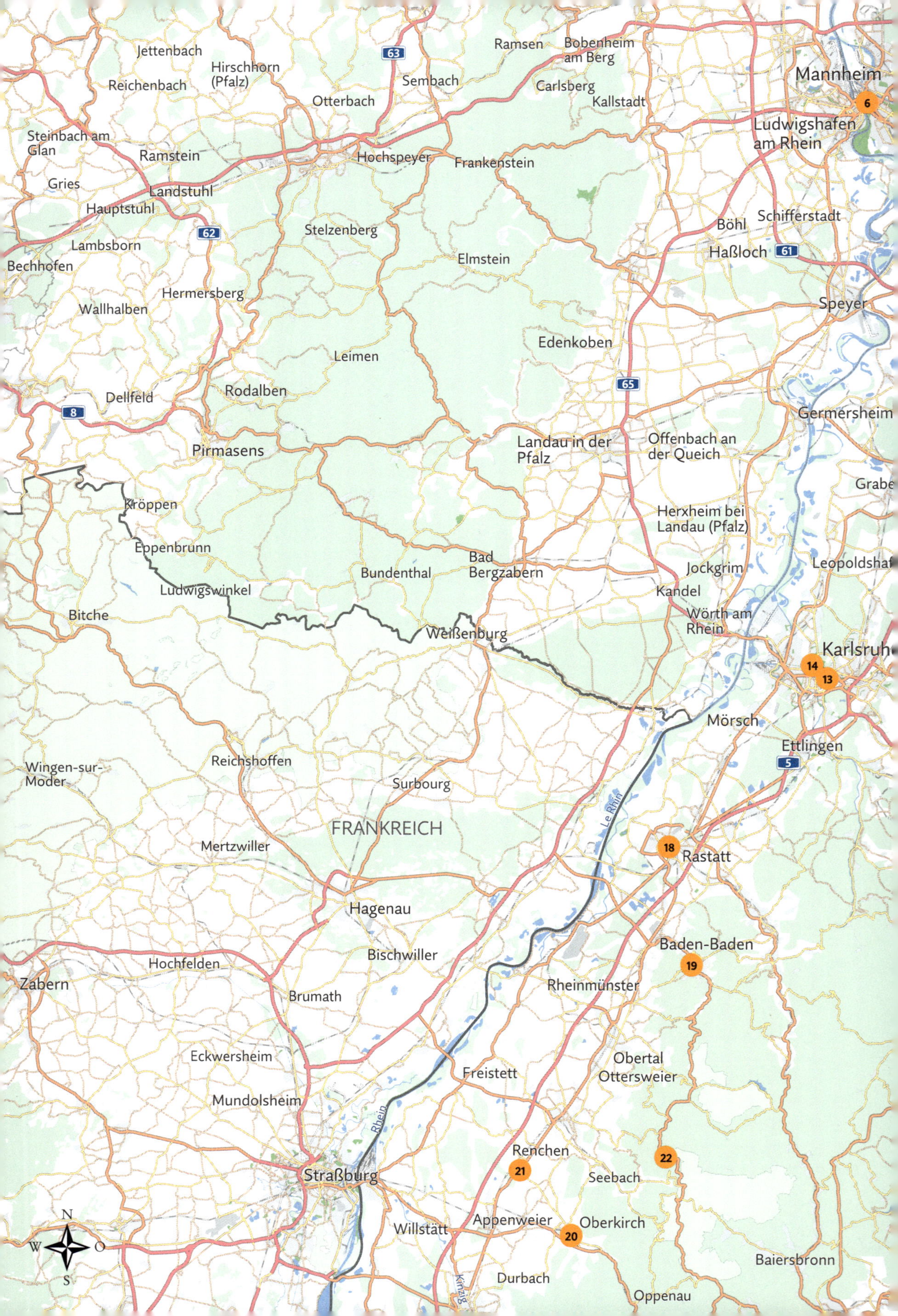
Jettenbach
Hirschhorn (Pfalz)
Reichenbach
63
Ramsen
Bobenheim am Berg
Sembach
Otterbach
Carlsberg
Kallstadt
Mannheim
6
Ludwigshafen am Rhein
Steinbach am Glan
Ramstein
Hochspeyer
Frankenstein
Gries
Landstuhl
Hauptstuhl
62
Stelzenberg
Böhl
Schifferstadt
Lambsborn
Haßloch
61
Bechhofen
Elmstein
Hermersberg
Speyer
Wallhalben
Edenkoben
Leimen
65
Rodalben
Dellfeld
8
Germersheim
Pirmasens
Landau in der Pfalz
Offenbach an der Queich
Grabe
Kröppen
Herxheim bei Landau (Pfalz)
Eppenbrunn
Bad Bergzabern
Jockgrim
Leopoldshaf
Bundenthal
Ludwigswinkel
Kandel
Bitche
Wörth am Rhein
Weißenburg
Karlsruh
14
13
Mörsch
Ettlingen
Reichshoffen
5
Wingen-sur-Moder
Surbourg
Le Rhin
FRANKREICH
18
Rastatt
Mertzwiller
Hagenau
Baden-Baden
Bischwiller
19
Hochfelden
Zabern
Rheinmünster
Brumath
Obertal
Eckwersheim
Ottersweier
Freistett
Mundolsheim
Rhein
Renchen
22
21
Straßburg
Seebach
N
W
O
S
Appenweier
Oberkirch
Willstätt
20
Baiersbronn
Durbach
Kinzig
Oppenau

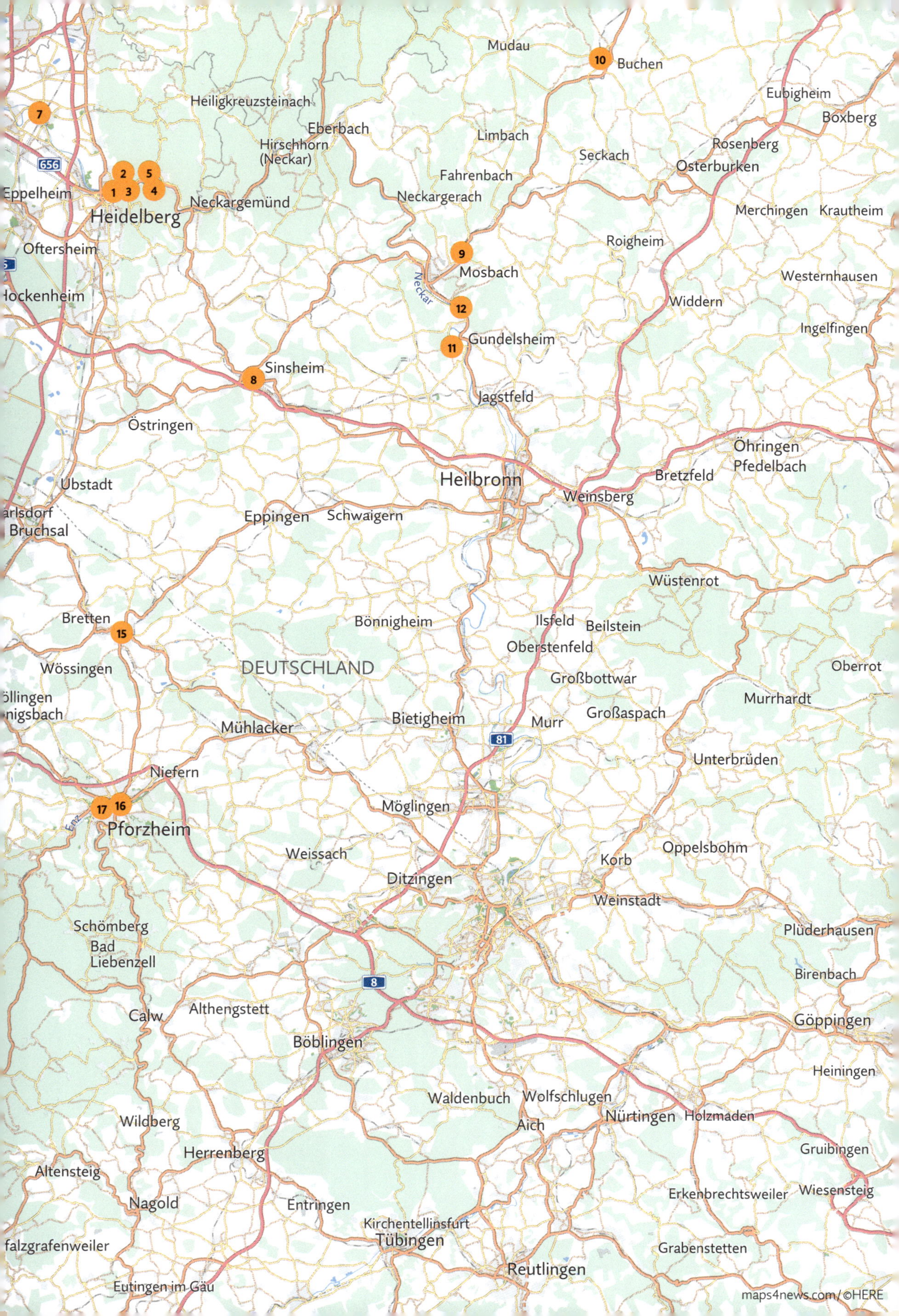
Mudau
Buchen
Heiligkreuzsteinach
Eubigheim
Boxberg
Eberbach
Hirschhorn (Neckar)
Limbach
Rosenberg
656
Seckach
Osterburken
Fahrenbach
Eppelheim
Neckargerach
Neckargemünd
Heidelberg
Merchingen
Krautheim
Roigheim
Oftersheim
Mosbach
Westernhausen
Neckar
Hockenheim
Widdern
Ingelfingen
Gundelsheim
Sinsheim
Jagstfeld
Östringen
Öhringen
Pfedelbach
Bretzfeld
Heilbronn
Ubstadt
Weinsberg
arlsdorf
Bruchsal
Eppingen
Schwaigern
Wüstenrot
Bretten
Bönnigheim
Ilsfeld
Beilstein
Oberstenfeld
Wössingen
DEUTSCHLAND
Oberrot
Großbottwar
öllingen
nigsbach
Murrhardt
Großaspach
Mühlacker
Bietigheim
Murr
81
Unterbrüden
Niefern
Möglingen
Enz
Pforzheim
Oppelsbohm
Weissach
Korb
Ditzingen
Weinstadt
Schömberg
Plüderhausen
Bad Liebenzell
Birenbach
8
Calw
Althengstett
Göppingen
Böblingen
Heiningen
Waldenbuch
Wolfschlugen
Nürtingen
Holzmaden
Wildberg
Aich
Gruibingen
Herrenberg
Altensteig
Wiesensteig
Erkenbrechtsweiler
Nagold
Entringen
Kirchentellinsfurt
Tübingen
falzgrafenweiler
Grabenstetten
Reutlingen
Eutingen im Gäu
maps4news.com/©HERE

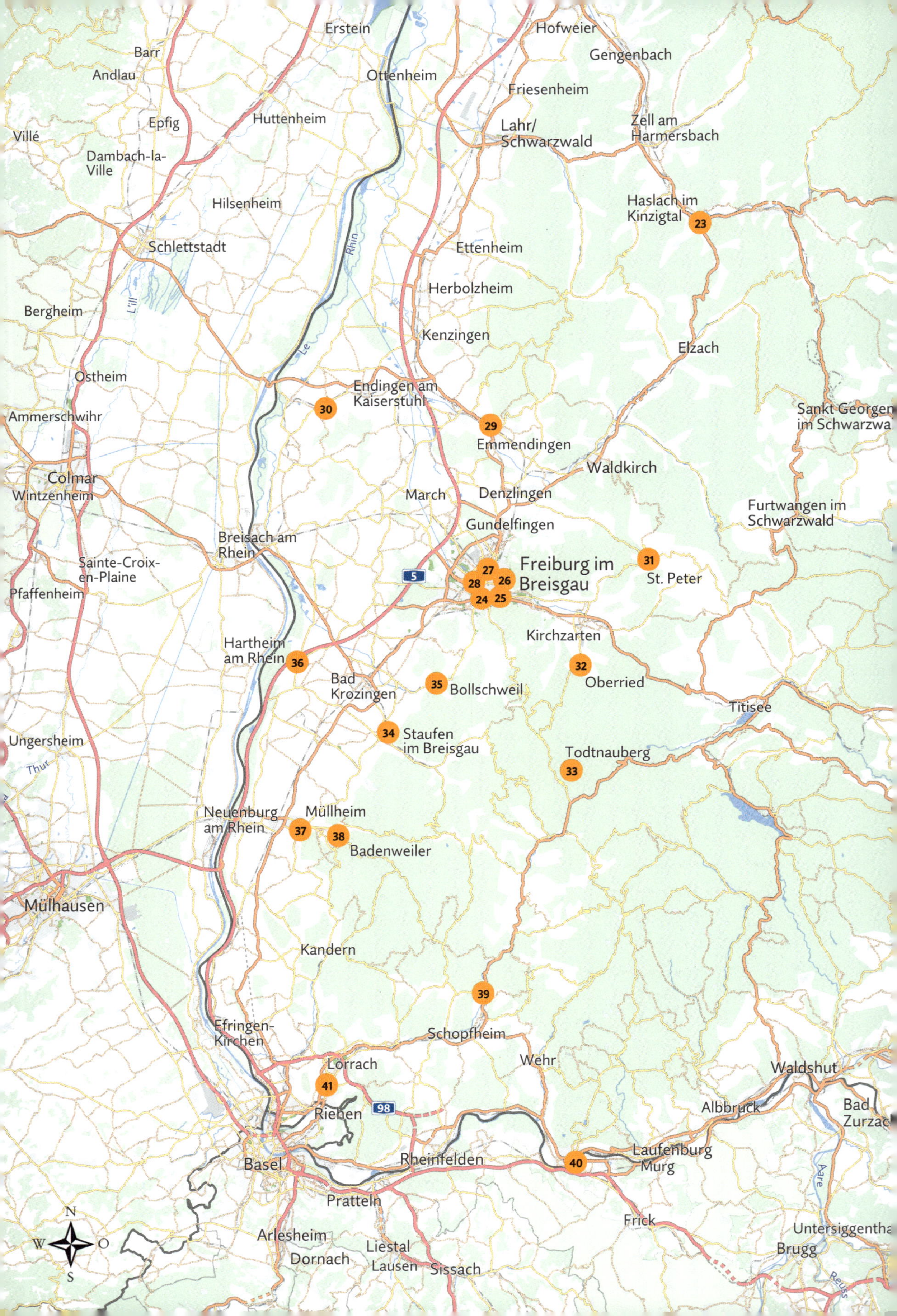

Erstein
Hofweier
Gengenbach
Barr
Andlau
Ottenheim
Friesenheim
Epfig
Huttenheim
Lahr/ Schwarzwald
Zell am Harmersbach
Villé
Dambach-la-Ville
Hilsenheim
Haslach im Kinzigtal
23
Schlettstadt
Ettenheim
Rhin
Herbolzheim
Bergheim
Kenzingen
Elzach
Ostheim
Endingen am Kaiserstuhl
30
29
Ammerschwihr
Sankt Georgen im Schwarzwa
Emmendingen
Waldkirch
Colmar
Wintzenheim
March
Denzlingen
Furtwangen im Schwarzwald
Gundelfingen
Breisach am Rhein
Sainte-Croix-en-Plaine
Freiburg im Breisgau
31
St. Peter
27
28
26
24
25
5
Pfaffenheim
Kirchzarten
Hartheim am Rhein
36
32
Oberried
Bad Krozingen
35
Bollschweil
Titisee
34
Staufen im Breisgau
Ungersheim
Thur
Todtnauberg
33
Neuenburg am Rhein
Müllheim
37
38
Badenweiler
Mülhausen
Kandern
39
Efringen-Kirchen
Schopfheim
Lörrach
Wehr
Waldshut
41
Riehen
98
Albbruck
Bad Zurzac
Basel
Rheinfelden
40
Laufenburg
Murg
Pratteln
Aare
Frick
N
W
O
S
Arlesheim
Untersiggentha
Dornach
Liestal
Lausen
Sissach
Brugg

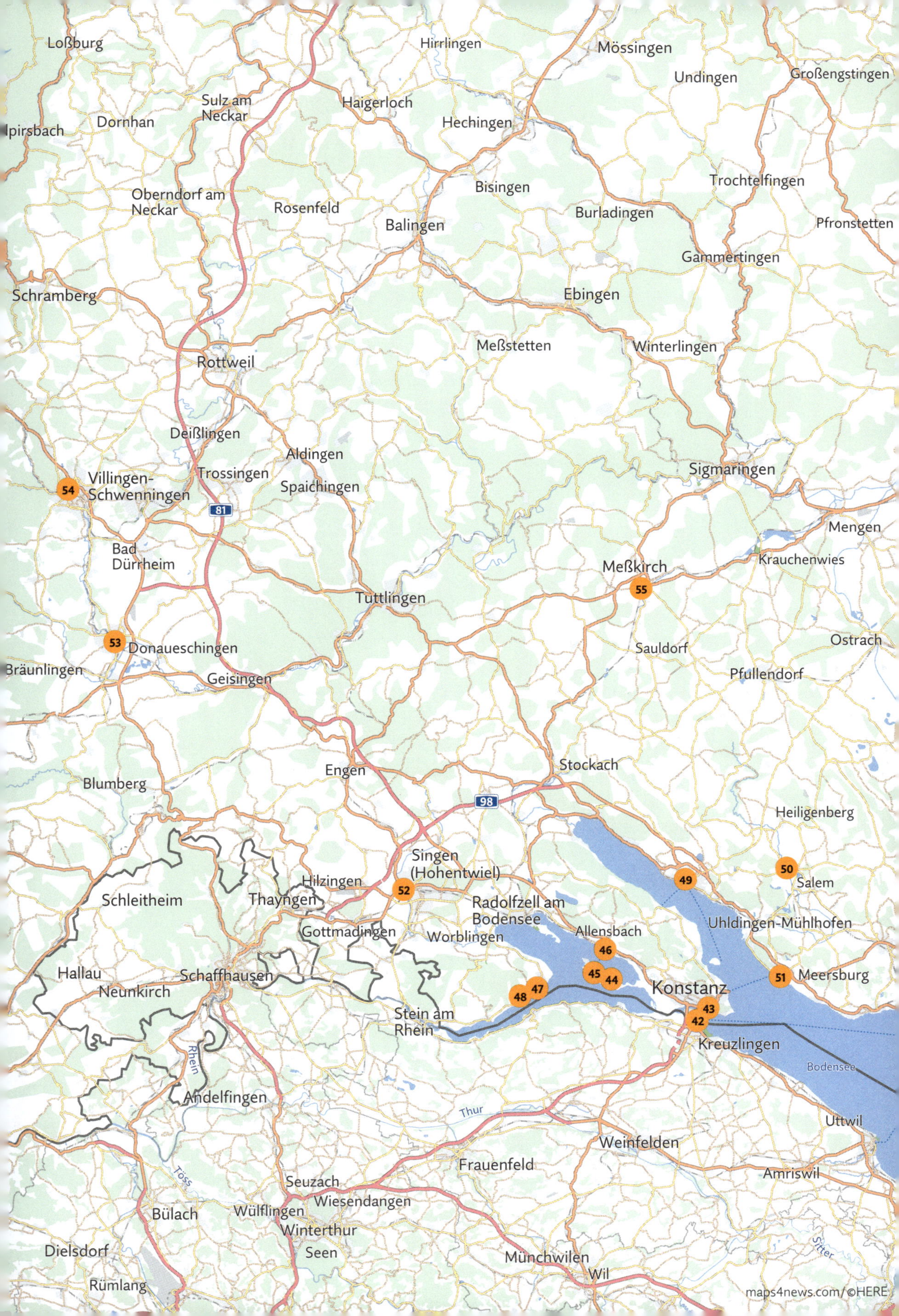

Loßburg
Hirrlingen
Mössingen
Undingen
Großengstingen
Sulz am Neckar
Haigerloch
Hechingen
Ipirsbach
Dornhan
Trochtelfingen
Bisingen
Oberndorf am Neckar
Rosenfeld
Burladingen
Pfronstetten
Balingen
Gammertingen
Schramberg
Ebingen
Meßstetten
Winterlingen
Rottweil
Deißlingen
Aldingen
Sigmaringen
54
Villingen-Schwenningen
Trossingen
Spaichingen
81
Mengen
Krauchenwies
Bad Dürrheim
Meßkirch
55
Tuttlingen
53
Donaueschingen
Ostrach
Sauldorf
Bräunlingen
Pfullendorf
Geisingen
Stockach
Engen
Blumberg
98
Heiligenberg
Singen (Hohentwiel)
50
49
Salem
Hilzingen
52
Schleitheim
Thayngen
Radolfzell am Bodensee
Uhldingen-Mühlhofen
Gottmadingen
Allensbach
Worblingen
46
Hallau
Schaffhausen
45
44
51
Meersburg
Neunkirch
47
48
Konstanz
Stein am Rhein
43
42
Kreuzlingen
Rhein
Bodensee
Andelfingen
Thur
Uttwil
Weinfelden
Töss
Frauenfeld
Amriswil
Seuzach
Wiesendangen
Bülach
Wülflingen
Winterthur
Dielsdorf
Seen
Münchwilen
Sitter
Wil
Rümlang
maps4news.com/©HERE